COLLECTIONS

de

MM. HARO

9187. — Librairies-Imprimeries réunies, MAY et MOTTEROZ, Dᵉˢ, rue Mignon. 2, Paris.

COLLECTIONS

de

MM. HARO

des Collections de MM. HARO, père et fils

TABLEAUX

Anciens et Modernes

DE PREMIER ORDRE

PAR

Clouet, Fragonard, Ghirlandajo, Van Goyen, Greuze, Memling, Rembrandt,
Rubens, Ruysdael, Téniers. etc.

ET PAR

Carolus Duran, Chaplin. Courbet. Daubigny. Decamps. Delacroix,
Diaz, Domingo, Jules Dupré. Henner. Ingres. Jacque, Henri Regnault,
Théodore Rousseau, etc.

Dessins et Aquarelles

ŒUVRES CAPITALES

PAR

DELACROIX	Le grand tableau de Sardanapale.	CAROLUS DURAN .	La Rosée.
		CHAPLIN	Le Rêve d'amour.
COURBET	L'Atelier de Courbet.	HENNER	Églogue.
COURBET	Le Ruisseau du Puits noir.	HENRI REGNAULT.	La Sortie du Pacha à Tanger

ET PAR

GREUZE	L'Innocence.	RUBENS	L'Ensevelissement du
REMBRANDT . . .	Portrait de Saskia.		Christ.

VENTE A PARIS

Les Lundi 30 et Mardi 31 Mai 1892

GALERIE SEDELMEYER. 6. rue de La Rochefoucauld

EXPOSITIONS

PARTICULIÈRE

Le Samedi 28 Mai 1892

PUBLIQUE

Le Dimanche 29 Mai 1892

COMMISSAIRES-PRISEURS

Mᶜ Georges BOULLAND
26. rue des Petits-Champs, 26

Mᶜ Georges DUCHESNE
6. rue de Hanovre. 6

PEINTRES-EXPERTS

M. HARO ✳, père
51, avenue des Champs-Élysées, 51

M. Henri HARO
14. rue Visconti et rue Bonaparte, 20

Chez lesquels on distribue ce Catalogue

1892

CE CATALOGUE SE DISTRIBUE

à Paris chez :

Mᶜ G. BOULLAND

Commissaire-priseur

26, rue des Petits-Champs, 26

Mᶜ G. DUCHESNE

Commissaire-priseur

6, rue de Hanovre, 6

M. HARO ✳, père

Peintre-expert

51, avenue des Champs-Élysées, 51

M. Henri HARO

Peintre-expert

14, rue Visconti et rue Bonaparte, 20

M. SEDELMEYER

6, rue de La Rochefoucauld, 6

et chez

MM. BOUSSOD et VALADON

9, rue Chaptal et avenue de l'Opéra,

LONDRES

116 et 117, New Bond Street, 116 et 117

NEW-YORK

303, Fifth Avenue, 303

LA HAYE

20, Plaats, 20

BERLIN

28, Französische Strasse, 28

CONDITIONS DE LA VENTE

Elle sera faite au comptant

Les acquéreurs payeront **cinq pour cent** en plus du prix d'adjudication

Prix du Catalogue illustré : **40** francs.

Les tableaux que MM. Haro sont obligés de mettre en vente par suite d'un deuil, qui, conformément aux prescriptions de la loi, implique un arrangement des affaires de la famille, sont, pour la plupart, des amis que nous avons rencontrés dans notre jeunesse, et qui, conservés dans une maison hospitalière, sont bien connus à Paris par les passionnés de la peinture. Presque tous sortent de collections fameuses et ont figuré dans des expositions retentissantes. Quelques-uns constituent des dates dans l'histoire de l'art. A la veille de la dispersion de cette galerie, on nous permettra de dire un mot d'adieu aux amis qui vont disparaître, si les musées ne leur réservent pas un asile définitif.

Parmi les œuvres des anciens, qui occupent tant de place dans les cœurs bien situés, une des plus intéressantes est le portrait de la jeune femme de Rembrandt, Saskia van Ulenburgh, peinte par l'artiste en 1632, c'est-à-dire avant le mariage, qui eut lieu le 10 juin 1634. Née en 1612, Saskia avait vingt ans lorsque Rembrandt fit ce portrait, où le modèle est bien reconnaissable malgré les différences que peuvent constater ceux qui ont étudié la jeune femme à Cassel et à Dresde. Ces derniers portraits sont postérieurs à 1634. Saskia y parait triomphante, chargée de joyaux, le chaperon empanaché de plumes ambitieuses. Elle est plus simple et moins idéalisée peut-être dans le tableau de la collection de M. Haro; mais très individuelle déjà, et peinte avec amour par un pinceau attentif aux particularités du type hollandais. Saskia, au moment où Rembrandt fit son premier portrait, était sans doute une de ces jeunes filles que le mariage doit embellir.

Quant à l'exécution, on la devine, lorsqu'on sait que ce portrait, sincère, caressé, loyal, est de 1632, l'année même de la Leçon d'Anatomie du musée de La Haye. Rembrandt n'est pas encore le lion déchaîné que nous admirerons plus tard; il est appliqué, il est sage, presque timide, mais déjà très scrupuleux observateur du modelé. La coloration générale est blonde et claire comme dans le cadavre dont le professeur Tulp explique à ses disciples la construction anatomique. Pas d'ombres fortes : tout se tient dans la gamme des légèretés et des délicatesses lumineuses. Les perles qui se mêlent aux cheveux, les dentelles, tous les accessoires sont traités avec un réalisme méticuleux et une parfaite dextérité d'outil. Sans doute, c'est le Rembrandt des commencements; mais ce prodigieux magicien a toujours été superbe, et on doit l'aimer même en sa première manière, et ses beaux délires de la fin ne doivent pas nous rendre injustes pour la sagesse de ses débuts.

Nous attachons aussi un grand intérêt à un Repos

de la Sainte Famille, *que nous avons déjà vu dans l'une des ventes du marquis de Las Marismas. Ce tableau a donné lieu à bien des discussions. C'est un épisode de la fuite en Égypte, où la notion évangélique s'efface dans une sorte de sentiment de familiarité populaire qui fut toujours cher à Rembrandt. Il nous souvient que, même chez M. Aguado, ce grand nom n'était prononcé qu'avec réserve et qu'on le faisait suivre volontiers d'un point d'interrogation. On voulait reconnaître dans ce tableau les rouges rompus que Nicolas Maes a tant aimés; mais l'hésitation n'est plus possible; nous sommes en présence du maître lui-même et non d'un de ses écoliers; la tête du Saint Joseph, l'ouvrier endormi auprès de sa compagne, est admirable, et l'œuvre parle bien haut dans son recueillement intime et superbe.*

La vente qui se prépare nous permet d'étudier quelques autres Hollandais : Van Goyen, par exemple, qu'il faut saluer toutes les fois qu'on le rencontre, comme l'initiateur du paysage néerlandais. C'est le glorieux pionnier qui eut l'honneur d'ouvrir la voie à ses successeurs. Dans le Village *près de Harlem, dans les* Bords de la Meuse, *Van Goyen a le charme, alors même qu'il paraît vouloir s'enfermer dans la gamme monochrome qui est la caractéristique de sa sobre palette.*

*On a déjà vu à la vente Courtin l'*Hiver *de Jacob van Ruysdael. Personne n'a oublié cet effet de neige d'un sentiment si mélancolique, d'une observation si fine et si pénétrante. Ruysdael est un de ces paysagistes qui mêlent à leurs œuvres les émotions de leur cœur. Ici l'impression morale est profonde. L'artiste nous dit toutes les* tristesses de la saison où, sous la couche de frimas qui recouvre le sol, la nature sent la vie intérieure se glacer et s'interrompre.

Dans l'école voisine, chez nos amis les Flamands, les tableaux ne sont pas nombreux, mais il en est un qui présente une importance capitale : c'est un Ensevelissement du Christ, par Rubens. Cette composition héroïque vient de la collection de Pommersfelden, et elle figure déjà dans l'ancien catalogue dressé au dix-huitième siècle. Le tableau a été acquis par M. Haro père, après la vente publique qui eut lieu sous sa direction en 1867, et qui a été pour les vieux amateurs une émotion dont ils aiment à garder le souvenir. L'Ensevelissement du Christ est une œuvre d'autant plus précieuse que Rubens, devinant nos exigences, a suivi le conseil que nous aurions voulu lui donner si les fatalités de la chronologie nous avaient permis d'approcher de l'illustre maître d'Anvers et d'échanger avec lui quelques paroles respectueusement amicales. Le jour où il peignit l'Ensevelissement, Rubens s'est rappelé que l'on n'est jamais bien servi que par soi-même; il s'est défié des collaborateurs qui lui ont, en effet, joué des tours pendables ; il n'a voulu associer personne à son travail, et aucun aide, même bien intentionné, n'a altéré la libre manifestation de sa pensée. Rubens est merveilleux lorsqu'il obéit à son souverain caprice, lorsqu'il est maître à la fois de ce qu'il veut dire et de sa manière de dire. Il a, comme dans ce tableau qui est le type du Rubens personnel et agissant loin de toute collaboration, une virtuosité de manœuvre qui ravira toujours les peintres.

Le tableau est du temps heureux où Rubens ne se souvenait plus des ombres ténébreuses et des oppositions coupantes qu'il avait dans sa jeunesse admirées chez Caravage, maladie que Fromentin a si bien caractérisée à propos des triptyques de la cathédrale d'Anvers, où il signale avec raison l'abus du « brusque contact ». Dans l'Ensevelissement, Rubens, guéri de ses enthousiasmes italiens et parfaitement libre, économise les ombres et se plaît dans un concert de tons à la fois puissants et clairs. Le groupe, dont le cadavre du Christ forme la note principale, est d'une conception tragique: la couleur est prodigieuse et, dans le libre maniement du pinceau, l'exécution est une merveille de franchise et de science technique. Ce beau tableau est une agglomération de victoires.

Tout pâlit auprès de cette peinture triomphante. Mais on ne sait comment s'y prend ce diable de Téniers; même à côté de son grand voisin d'Anvers, il garde les séductions de l'esprit. Le Fumeur, *la* Leçon *de flûte sont des tableaux de la galerie de Pommersfelden, où ils étaient très estimés. Téniers est bien connu; il est dans tous les musées; il n'a plus de révélations à nous faire; mais on ne se lassera jamais d'admirer la spirituelle dextérité de sa pratique et le brio de son pinceau qui cingle la touche comme un coup de cravache. Nul n'a su comme lui faire jouer le rayon lumineux sur les rondeurs tournantes d'un pot de terre. Téniers a peint des cruches qui valent de longs poèmes.*

Auprès de ces triomphes de l'esprit qui amusent éternellement le regard, les œuvres italiennes ont un carac-

tère sérieux qui, pour être goûté à sa valeur, réclame une certaine culture intellectuelle. Les amateurs de petite envergure peuvent dédaigner ces choses graves, peut-être parce qu'ils ne les comprennent pas. Nous croyons cependant devoir signaler à la curiosité de ceux qui savent, et de ceux qui cherchent, un portrait qui a figuré à Modène dans la collection de la maison d'Este, et qu'une vieille tradition attribue à Ghirlandaio.

Certes, c'est là un bien grand nom; mais il n'est pas sans s'accorder, du moins comme indication d'école et d'époque, avec le portrait d'homme qui a été rapporté de Modène. Nous gardons ici une certaine réserve, et nous invoquons la collaboration des savants. Il y a là un mystère à débrouiller. Quel malheur de vieillir et de ne pouvoir s'attaquer résolument au déchiffrement de toutes les énigmes!

Mais comment éviter le problème? Il est partout. On le rencontre à tous les carrefours de l'histoire. Même pour l'école française, qui devrait nous être familière, la difficulté se dresse tous les jours devant nous. Notre seizième siècle, nous l'aimons, mais nous le connaissons mal. La famille des Clouet, qui a joué un si grand rôle, reste voilée et mystérieuse, par suite de la complication qu'apporte à nos recherches la nombreuse série des continuateurs de Janet, parmi lesquels il en est de fort habiles. Corneille de Lyon, que Catherine de Médicis visita, a fait de petits portraits clairs sur des fonds verdâtres, et on les prend quelquefois pour des Clouet. Les œuvres de Jean sont inconnues, ou du moins c'est à peine si nous les devinons. François, le plus glorieux membre de la famille, est plus abordable, grâce à quelques pages authentiques, et d'ailleurs exquises, comme l'Élisabeth d'Autriche du Louvre. Mais ce que nous ignorons doit nous rendre prudents. On verra dans la collection de MM. Haro un petit portrait d'homme d'une délicatesse infinie. Ce portrait, qu'il reste à reconnaître, est des plus fins. Il est conçu dans la note claire qui laisse tout voir, et il est détaillé à miracle. Avec Clouet, nous étions dans la bonne voie pour la portraiture, et il est regrettable qu'à la fin du seizième siècle nous ayons changé de méthode.

Un très bon tableau ramène sur le tapis la question de savoir si Diderot s'est montré bien perspicace en regardant Greuze comme le plus fidèle représentant de la vertu. Dans son Salon de 1765, il va jusqu'à dire que Greuze est « le premier qui se soit avisé de donner des mœurs à l'art ». C'est un éloge dont l'artiste a dû sourire, car il avait une manière à lui de comprendre les « mœurs », et il a été plus que personne fidèle à l'esprit de son temps, le temps des petits soupers et des aventures galantes. Dans tous les cas, le tableau qu'on a vu à la galerie Schneider et auquel la tradition a conservé son titre, l'Innocence, nous apprend combien les mots changent de signification en peu d'années. Nous y voyons aussi à quoi rêvaient les jeunes filles sous le règne de Mme du Barry, et comment Greuze entendait la vertu. Elle est toute jeune cette rêveuse, mais une vision d'amour charme sa pensée, et l'expression de son regard, perdu dans une tendre ivresse, semble dire que son innocence est fort suspecte. Je n'insiste pas sur ce point, car la pente est dangereuse. Sup-

primons tout commentaire indiscret : il est toujours pénible à un salonnier d'avouer que notre patron Diderot s'est cruellement trompé en nous parlant de la candeur de Greuze. L'Innocence n'est pas un tableau à mettre dans un couvent, mais c'est une peinture excellente et un des chefs-d'œuvre du peintre. Ici le travail est des plus délicats, avec une parfaite souplesse de pinceau, une délicieuse morbidesse dans les chairs et des lumières tout à fait tendres. Greuze a été rarement aussi bon peintre, alors même que, sous prétexte d'innocence, il nous fait assister aux enthousiasmes d'un rêve d'amour.

Fragonard, très différent de Greuze, n'a pas eu la préoccupation d'introduire dans la peinture un principe de moralité. Il est franchement amoureux et il ne le cache pas. La pensée est parfaitement claire dans les Amants heureux, *le beau tableau devant lequel l'aimable M. Walferdin disait ses patenôtres et que nous avons revu plus tard à la vente Courtin. On sait que Fragonard, qui connaissait ses classiques, a quelquefois pensé à Rubens dans sa manière fine et transparente. Jamais il n'a peint, comme dans les* Amants heureux, *des carnations plus délicatement modelées dans la note claire. Les amateurs feront toujours le plus grand cas de ce tableau, un peu déshabillé sans doute, mais qui reste une œuvre exquise du plus amoureux des peintres.*

La collection dont nous avons déjà présenté quelques fleurs se complète très heureusement par un beau choix de tableaux modernes. Eugène Delacroix, le puissant maître du drame, y tient une place prédominante. Il a touché à tout avec une souveraine audace et l'on aura plai-

sir à retrouver chez *MM. Haro* la Mort de Sardanapale, *l'exemplaire* princeps *de la composition célèbre qui fut un des étonnements du Salon de 1827. L'œuvre, très hardie pour le temps, fut violemment discutée, et Delacroix reçut à cette occasion une collection d'injures qui inaugura le recueil d'outrages auxquels le grand homme fut en butte pendant sa carrière héroïque. Le sujet est connu. Sardanapale veut mourir avec tout ce qu'il a aimé : des femmes se roulent sur les luxueuses étoffes dont le somptueux entassement revêt le bûcher funéraire; un esclave amène le cheval préféré; des orfèvreries, des armes, des joyaux étincelants complètent le décor de ce suicide oriental. C'est une lutte de splendeurs s'harmonisant avec les clartés lumineuses des chairs nues; le tissu des colorations associe les plus beaux contrastes et fait jouer des vigueurs opulentes avec des fluidités d'aquarelle, souvenir du voyage d'étude que l'auteur avait fait chez les Anglais en 1826. Il y a là une richesse d'imagination, une surabondance d'idées pittoresques et décoratives qui, au point de vue intellectuel, attestent une profusion de trésors toujours rares dans l'École française. Sans doute quelques observations de détail pourraient être formulées à propos de cette grande page romantique; mais malgré les années l'œuvre a gardé son éclat et sa fraîcheur : le* Sardanapale *restera toujours un événement dans l'histoire de notre art.*

Du reste, chez MM. Haro, Delacroix peut être étudié dans toutes ses manières, dans tous les moments de sa pensée. Nous l'avons là depuis ses premiers travaux au Louvre à l'heure où il copiait avec des soins assidus la

Belle Jardinière *de Raphaël* (1819) *jusqu'à la* Tête de vieille religieuse *qui fut exposée en* 1855, *peinture exceptionnelle, presque violente, dont la plume de Théophile Gautier pourrait seule glorifier la truculence. Et précisément Gautier a consacré à cette œuvre dix lignes qu'il faut reproduire si nous voulons qu'il y ait quelque chose de lisible dans notre préface :*

« La Tête de vieille femme, *disait Théophile, est une des plus excentriques productions de l'artiste. Cela est brossé dans une pâte épaisse et modelé par le mouvement du pinceau avec une hardiesse et une furie extraordinaires. Les yeux chassieux et clignotants dans leur orbite cave, le nez bulbeux, les joues fripées, la lèvre calleuse, le col à fanon flottant, tout le travail hideux de la sénilité est rendu en quelques coups, plus exactement que ne le fait Denner, étudiant au microscope le derme flétri de ses vieux et de ses vieilles.* »

Il semble d'ailleurs que la collection dont nous enregistrons les principales richesses ait été formée dans une pensée historique et avec le secret dessein de fournir aux annalistes de l'avenir les éléments d'une enquête sur la peinture moderne. Le Sardanapale *de Delacroix est une date qui marque l'éclosion du romantisme dans sa fleur lumineuse; l'*Atelier *de Courbet, qu'on a vu pour la première fois en* 1855, *à l'Exposition particulière organisée par l'artiste dans une baraque presque foraine, est aussi un signe des temps, une manifestation d'école, une de ces déclarations de principes où se complaisait le maître peintre d'Ornans.*

Au curieux catalogue de cette Exposition mémorable, l'Atelier *était enregistré avec le sous-titre* Allégorie réelle *et ces deux mots, qui provoquèrent plus d'un quolibet, sont accompagnés d'un commentaire expliquant que cette allégorie symbolise et résume une phase de sept années de la vie de Courbet. Les ironies se donnèrent carrière à propos de cette composition où l'artiste, toujours heureux de faire son portrait, s'est représenté peignant un paysage. C'est le Courbet que nous avons connu à l'heure où il étonnait les bourgeois de la rue Hautefeuille par la beauté archaïque de sa tête assyrienne. A droite, se groupent les amis : on y reconnaît Champfleury, Baudelaire, Proudhon, Bruyas ; à gauche, sont les représentants des diverses classes sociales à la glorification desquelles Courbet voulait consacrer son pinceau : le paysan, le mendiant, le braconnier et même le croquemort que nous appellerions le nécrophore si nous n'avions pas affaire à une « allégorie réelle ». Ce tableau fit presque autant de bruit que l'Enterrement à Ornans et l'on comprend qu'il ait soulevé les colères des poètes et des vieux classiques ; mais quelle fière peinture ! Quel bel accent convaincu et quelle audace — on dirait presque quelle impertinence — en un temps où quelques attardés croyaient encore aux Philoctètes et aux Léonidas de l'École ! Les années ont passé, mais on se souvient qu'en 1855 on admirait la robuste harmonie qui s'établit dans le jeu des bruns et des clairs. Courbet est tout entier dans cette toile que Gambetta voulait faire acquérir par l'État lors de la vente posthume du 9 décembre 1881.*

Mais l'auteur de l'Atelier avait d'autres armes dans sa robuste main d'ouvrier peintre. Il était puissamment paysagiste et il l'a bien montré dans le Ruisseau du Puits noir, qu'on retrouvera chez MM. Haro. C'est une représentation énergique et fidèle d'un coin de la Franche-Comté, avec les verdures intenses des feuillages. l'humide fraîcheur des eaux courantes, l'âpre construction des rochers gris. Courbet a aimé aussi les marines, ces vues de la côte normande, qu'il appelait des « paysages de mer ». On retrouvera, dans la collection dont on prépare la vente, deux de ces marines. qui, lors de l'exposition organisée à l'École des Beaux-Arts, ont été jugées de la plus fine qualité : un Effet de matin et la Plage d'Étretat. Courbet a savamment exprimé l'heure solennelle où le soleil couchant déploie à l'horizon l'opulente tenture de ses pourpres reloutées.

A la suite de Delacroix, de Courbet et d'Ingres, magnifiquement représenté par les belles études dont le peintre s'est servi pour l'Apothéose d'Homère et le Martyre de Saint Symphorien, beaucoup d'illustres sont là. qui ont marqué ou qui marqueront dans l'histoire de la peinture moderne. Voici Daubigny, le maître des atmosphères limpides, Jules Dupré, si émouvant dans ses marines qu'éclaire un ciel tragique, Chaplin, dont le Rêve d'amour dit mieux que toutes ses autres œuvres quelles relations intimes le peintre du rose entretenait avec les galants décorateurs du dix-huitième siècle, Henri Regnault, dont la Sortie du Pacha est une page toute pétillante de couleur et de lumière. A ces peintures, depuis longtemps classées dans l'estime des connaisseurs, s'ajoutent des œuvres d'une floraison plus récente, puisque nous les avons vues paraître aux derniers Salons, comme la Rosée de M. Carolus Duran, nudité savoureuse et chaste dans un paysage matinal, et la belle Églogue de M. Henner, un des poèmes les plus heureux du maître, qui sait toutes les sérénités du crépuscule et qui excelle à faire chanter les blancheurs ambrées de ses figures sur les bleus d'un ciel où la nuit envahissante laisse encore une dernière clarté.

Telle est, dans son ensemble, la collection que, par suite de circonstances douloureuses, — la mort d'un fils et d'un frère justement chéri, — les propriétaires sont obligés d'aliéner. Le caractère général en est des plus instructifs : les pièces de musées y abondent. J'entends parler ici de ces toiles qui ont été, lors de leur apparition, des faits de guerre et des cris de révolte. On nous pardonnera, en qualité d'historien, d'avoir voulu fixer le souvenir de ces batailles, dont quelques-unes ont été de véritables victoires.

PAUL MANTZ.

TABLEAUX ANCIENS

DÉSIGNATION

AELST (W. Van)

1 — Oiseaux morts.

T. — H., 0^m,39. L., 0^m,32.

BENARD

2 — La Nourrice qui remue l'enfant.

Signé à droite et daté 1758.
Sur la gravure de Cl. Duflos on lit :

A ces soins empressés, à tout ce mouvement,
Qui ne croiroit ici reconnoître une Mère
    Dans son véritable Elément ?
        Ce n'est pourtant qu'une Etrangère,
        Qui, pour un modique salaire,
Vend au premier venu ses peines et son sang :
Et livrée au plaisir, peut-être la Maman
        Songe autant à l'Enfant qu'au Père.

T. — H., 0^m,36. L., 0^m,28.

BOL (Ferdinand)

3— Portrait de l'Artiste.

Il s'est représenté vu de trois quarts, tourné vers la droite, la
tête couverte d'une toque noire; il tient ses gants à la main.
Signé à droite en toutes lettres et daté 1659.
Forme ovale.

B. — H., 0^m,29. L., 0^m,21.

BOLTRAFFIO (Jean-Antoine)

4 — Portrait de Dame de qualité.

Elle est représentée vue de face ; costume des plus curieux de
l'époque, remarquablement exécuté comme fini.
Signé dans le haut par des initiales.
Cette peinture d'un grand caractère, comme tout ce qui touche
à l'École de Milan, gagnerait à être débarrassée de ses anciens
vernis.
Suivant les notices du temps, Boltraffio, élève de Léonard
de Vinci, gentilhomme de naissance, fit plusieurs portraits.
Provient du palais Labia à Venise.

B. — H., 0^m,36. L., 0^m,29.

CALLOT (D'après)

5 — Les Misères de la guerre.

Ce tableau, remarquable par la composition et l'énergie de
l'exécution, a été composé d'après des eaux-fortes de Callot. On
remarque des variantes et de nombreux repentirs.
La célébrité de Callot est due plus à son burin et à ses compositions qu'à son pinceau. Plusieurs peintres, entre autres Jean-

Jacques Monti, Spolverini et Simonini, ont souvent reproduit ses compositions, surtout *les Misères de la guerre.*

Ce tableau provient de la famille Simonini où il était considéré comme étant de Simonini.

T. — H., 0^m,95. L., 1^m,35.

CLOUET (François) *dit* Jehannet

6 — Portrait d'un Prince de la maison de France.

Il est représenté la tête tournée de trois quarts vers la droite, couverte d'une toque noire agrémentée d'ornements en or et ornée d'une plume blanche. Les cheveux sont coupés courts ; la physionomie est souriante ; le justaucorps est rose tendre, montant boutonné jusqu'à la collerette, avec chaînette, médaillon et boutons rehaussés d'or ; pardessus noir avec broderie d'argent.

Fond vert, bois fendillé.

En haut, à gauche, se lit l'inscription suivante : « Gaston de Foix. »

Ce portrait, d'une admirable finesse de dessin, de modelé et de franchise de ton, peut servir de type pour apprécier l'œuvre de Clouet.

Provient du château de Chenonceaux, qui a appartenu à la reine Catherine de Médicis, où ce précieux portrait était porté dans l'inventaire comme étant une peinture de Clouet représentant Gaston de Foix.

B. — H., 0^m,17. L., 0^m,15.

7 — Portrait d'Homme.

En buste, de trois quarts, tourné vers la droite. Barbe blonde. Il est coiffé d'une toque et vêtu d'un costume de couleur foncée.

Fond vert uni.

Cadre ancien, noir et or, à moulures guillochées.

Collection du comte de la Béraudière.

B. — H., 0^m,14. L., 0^m,11.

COELLO (Sanchez)

8 --- Portrait d'une Princesse espagnole.

Elle est représentée à mi-corps; une grande collerette très ornée entoure son cou; une croix d'or est sur sa poitrine et de la main droite elle retient un grand collier de perles.

C. — H., 0m,20. L., 0m,15.

CORNELIS de HAARLEM

9 — Tête d'Homme.

Galerie de Pommersfelden.
Collection de Schœnborn.

B. — H., 0m,48. L., 0m,39.

DENNER (Balthazar)

10 — Portrait de Vieillard.

Une barbe grise et légère couvre son visage. Ses regards sont tournés vers le ciel comme s'il priait. La fourrure de sa douillette est grise.
Collection du duc de Morny.

C. — H., 0m,35. L., 0m,32.

11 — Portrait d'Homme.

Un homme d'environ soixante ans, tête nue, cheveux longs sur les tempes; figure fine et bienveillante; costume noir.
Collection du duc de Morny.

T. — H., 0m,36. L., 0m,29.

DYCK (Philip Van)

12 — La Chaste Suzanne surprise par les deux vieillards.

Magnifique conservation.
Vente van Brienen.
Signé en bas à gauche : Ph. Van Dyck f 1721.

C. — H., 0^m,57. L., 0^m,46.

FRAGONARD (Jean-Honoré)

Né à Grasse en 1732. — Mort à Paris le 22 août 1806.

13 — Les Amants heureux.

Dans cette scène d'amour si passionnément rendue, Fragonard nous semble avoir donné la plus complète expression de son talent de dessinateur et de coloriste.
Vente Walferdin, n° 60 du Catalogue.
Collection Courtin n° 1.

Gravé par Lalauze.

T. — H., 0^m,55. L., 0^m,65.

FRANCK

14 — L'Adoration des Mages.

Précieux tableau d'une admirable conservation.

C. — H., 0^m,30. L., 0^m,45.

15 — Le Baptême du Christ dans le Jourdain.

C. — H., 0^m,26. L., 0^m,20.

GHIRLANDAIO (Domenico)

16 — Portrait de Jeune Homme.

La tête se détache sur un fond clair; paysage dans le style du temps. Justaucorps vert et dalmatique rouge.

Ghirlandaio sut donner à ses personnages une noblesse d'attitude et une dignité incomparables. Curieux spécimen du quinzième siècle.

Collection de Modène.

B. — H., 0m,40. L., 0m,34.

GOYEN (Jan Van)

Né à Leyde en 1596. — Mort à La Haye en 1656.

17 — Village près de Harlem.

Au premier plan, sur la grande route, plusieurs personnages et animaux. Dans le fond, des cabanes entourées d'arbres, pigeonniers, etc.; ciel nuageux et d'un grand effet.

Composition exceptionnelle par sa dimension et le mérite de l'exécution.

Signé à gauche *J. V. Goïen*. 1630.

Collection Angerstein.

Collection Courtin n° 11.

Gravé par G. Greux.

T. — H., 1m,22. L., 1m,65.

GOYEN (Jan Van)

18 — Bords de la Meuse.

Au premier plan, un bateau contenant deux pêcheurs. Sur la barque, le monogramme et la date 1631. Plus loin, une femme est agenouillée venant de puiser de l'eau. A droite, deux paysans, dont l'un est sur une échelle ; dans le fond, des granges et des chaumières.

Curieux spécimen du maitre, très bien conservé.

B. — H., 0^m,27. L., 0^m,36.

GREUZE (Jean-Baptiste)

19 — L'Innocence.

Une jeune fille à moitié vêtue, les cheveux défaits, tourne ses yeux vers le ciel avec une expression d'amour et de langueur ; son attitude trahit une secrète émotion.

La jeune fille a le type particulier de Greuze ; la bouche et le nez sont d'une rare délicatesse ; jamais le pinceau de l'artiste n'a été plus ferme ni plus savant ; jamais sa touche n'a été plus moelleuse. Ses chairs souples et vivantes ont le ton doré qu'il aimait.

En considérant ce tableau, un prince royal disait spirituellement : « Cette peinture est une petite merveille de grâce : on devrait l'appeler *le Dernier soupir de l'innocence.* »

Provient de la collection Schneider, où ce tableau était catalogué sous le n° 48.

T. — H., 0^m,40. L., 0^m,32.

HAMILTON (Charles-Guillaume Van)

20 — Plantes et Insectes sur fond de paysage.

Le fils d'un peintre écossais, Charles William Hamilton, né en 1668 à Bruxelles, a peint ce tableau d'une conception originale.

Un vaste chardon, plante magnifique, dressé tout seul près d'une roche, occupe la plus grande partie de la toile. Des champignons poussent au pied ; une vipère, un lézard et une cigale se trouvent en présence au premier plan et laissent présager un drame.

Deux papillons blancs et deux paons de jour sont posés sur les feuilles, où est suspendue une araignée.

Richesse de coloris et grande vérité dans l'exécution.

Galerie de Pommersfelden.

Collection de Schœnborn.

T. — H., 0^m,47. L., 0^m,37.

HEEM (Jan-Davidz de)

21 — Fleurs.

Un grand bouquet de fleurs plonge ses tiges dans un vase de terre à surface mordorée que porte une balustrade. Une rose blanche, une rose pourpre, une rose panachée, un œillet d'Inde, des tulipes rouges et blanches, une tulipe brune mouchetée, un pavot, des pensées, des plantes menues forment un groupe charmant et splendide ; un morceau de chèvrefeuille est tombé près du vase. Les grandes feuilles d'un beau vert sombre, mêlées aux fleurs en rehaussent l'éclat.

Ce tableau est d'une exécution très vigoureuse où le fini habituel du peintre se trouve relevé par une grande hardiesse de touche ; il porte la signature du maître, en toutes lettres à gauche.

Galerie de Pommersfelden.

Collection de Schœnborn.

T. — H., 0^m,72. L., 0^m,56.

HOBBEMA

22 — Vue des dunes (Hollande).

Paysage ; étude d'après nature.
Ciel nuageux.
Signé dans le bas à droite.

B. — H., 0^m,28. L., 0^m,31.

HOBBEMA (Attribué à)

23 — Paysage. Entrée de forêt.

Au milieu d'une forêt, un cavalier vêtu de rouge, monté sur
un cheval blanc, s'est arrêté pour interroger un homme assis
près duquel est un chien lévrier.

Cette peinture est l'œuvre d'un des meilleurs paysagistes de la
Hollande ; elle porte, à gauche, une signature presque indé-
chiffrable.

B. — H., 0^m,44. L., 0^m,56.

HOREBOUT (GÉRARD)

24 — Sainte Famille.

La Vierge, assise devant une table, présente le sein à l'Enfant
Jésus ; un mur sert de fond derrière elle. A sa droite, la tête de
sainte Anne se profile sur le ciel que laisse apercevoir une fenêtre ouverte. La bonne vieille, qui lisait une banderole manu-
scrite, a suspendu sa lecture et ôté ses besicles.

Ce tableau est d'une facture complètement originale. Il se
rattache évidemment à l'École des Van Eyck, lorsqu'elle prenait sa
dernière forme au commencement du seizième siècle. Les contours
sont plus moelleux, les couleurs plus fondues que dans le siècle
antérieur ; le premier s'occupait de l'harmonie générale bien
plus que ses devanciers.

La mère du Sauveur est charmante, avec le voile de gaze dia-

phane qui entoure ses cheveux. Les chairs ont une extrême délicatesse de modelé et de transitions savantes qui annoncent l'École
moderne. Sur la table, un plateau qui porte des raisins, une
grenade, une poire et des cerises.

Nota. — Gérard Horebout fut un des peintres favoris de
Henri VIII. On a trouvé dans les comptes du prince, à l'année
1537, une note d'où il résulte que l'artiste recevait chaque mois
56 schellings 9 deniers d'appointements. Sa fille Suzanne, qui
possédait aussi un grand mérite, avait épousé John Parker, tré-
sorier du roi (1).

B. — H., 0ᵐ,43. L., 0ᵐ,31.

HUYSUM (Jan Van)

25 — Fleurs.

Un bouquet de fleurs couronne un bocal posé sur la tablette
d'une balustrade. Une tulipe jaspée blanche et rouge, une ja-
cinthe bleue, une rose pourpre, des roses blanches, un coque-
licot, une anémone luttent de grâce et de magnificence.
Signé sur la plinthe : J.-V. Huysum.
Galerie de Pommersfelden.
Collection de Schœnborn.

T. — H., 0ᵐ,72. L., 0ᵐ,56.

JORDAENS

26 — Job.

Il est représenté en buste invoquant le ciel.
Très belle et énergique exécution.
On lit en haut, à droite : Job.
Galerie Pommersfelden.
Collection de Schœnborn.

B. — H., 0ᵐ,66. L., 0ᵐ,53.

(1) Documents donnés par M. Alfred Michiels.

LACROIX (Étienne-François de)

(Élève de Joseph Vernet).

27 — Vue du port de Gênes.

Signé à droite, et daté 1773.

T. — H., 1m,48. L., 2m,16.

28 — Vue prise à Baia.

Signé et daté.
Pendant du précédent.

T. — H., 1m,48. L., 2m,16.

MEMLING (Hans)

29 — Sainte Véronique.

Ce tableau représente sainte Véronique portant le voile où une sueur sanglante a empreint la face du Sauveur. Elle est debout, seule au milieu d'une campagne que traverse un chemin sinueux.

Un manteau d'un bleu foncé et une robe amarante clair forment son costume. Le paysage est éclatant de lumière et d'un caractère primitif.

Sur le voile de gaze légère et diaphane, la face du Seigneur a une fermeté de dessin et de couleur, une solidité aussi grande que si les chairs étaient réelles.

Cette peinture, exécutée sur bois, est admirable comme conservation. Ce tableau, qui provient de l'ancienne collection du prince de Liel, a toujours été considéré comme étant une œuvre de Memling, par sa pureté exquise, sa délicatesse et sa grâce noble et idéale.

Pourtant, plusieurs experts et écrivains, entre autres M. Michiels, ont cru reconnaître qu'elle devait être attribuée au célèbre Simon Marmion de Valenciennes, surnommé le prince d'Enluminure, et qui fut le peintre de Charles le Téméraire.

B. — H., 0m,31. L., 0m,17.

MEMLING (Hans) — École de

(École primitive flamande).

30 — Le Triomphe de la Rose rouge.

Histoire de la réconciliation des maisons de Lancastre et
d'York, avec l'assistance de la Vierge, dont quinze panneaux
racontent la vie, joies et douleurs. Le seizième panneau central
donne la note d'histoire ; il est comme un poème d'actions de
grâces, pour une victoire définitive et pacifique des Lancastres :
le Triomphe de la Rose rouge.

Énumérons d'abord la vie de la Vierge :

1° Annonciation.
2° Visite de la Vierge à sainte Élisabeth.
3° Jésus dans sa crèche, adoré par les anges.
4° Jésus présenté au Temple.
5° Jésus au milieu des docteurs.
6° Jésus au jardin des Oliviers.
7° Jésus attaché à la colonne et flagellé.
8° Jésus bafoué, appelé dérisoirement *roi des Juifs*.
9° Jésus succombant sous la croix.
10° Jésus en croix ; au pied de la croix, la Vierge et saint
Jean.
11° Jésus sortant du tombeau.
12° Jésus montant au ciel.
13° La Vierge au milieu des disciples recevant l'inspiration
du Saint-Esprit.
14° Mort de la Vierge.
15° La Vierge couronnée par la Trinité.

L'histoire de la Vierge se trouve ainsi complète.

Le grand panneau central est, nous l'avons dit, allusif
à la division des deux maisons d'York et de Lancastre et
à la guerre des Deux-Roses. Le seigneur agenouillé doit être
Henri VII Tudor, proclamé roi en 1485, qui se rattachait aux
Lancastres par les femmes. Il épousa l'héritière de la maison

d'York ; ce mariage mit fin aux divisions. Une branche des Lancastres avait pour chef Jean de Gand, pour lequel le comté fut érigé en duché, et comté palatin ou souveraineté indépendante sous Édouard III, père de Jean.

La Vierge est debout, couronnée. La *Rose rouge* et la *Rose blanche*, disposées en guirlande, lui composent une manière de portique. L'Enfant Jésus semble élire la *Rose rouge*, emblème de la maison des Lancastre, en posant sa main dessus. La main droite bénit Henri agenouillé. Derrière Henri, dans l'attitude des partis en guerre, sont des chevaliers, l'un agresseur, et les autres défenseurs. C'est une allusion au passé : la guerre vient de finir. La Vierge, que l'on a sans doute implorée, préside à cette paix réalisée par son intercession. A sa droite, s'agenouillent les plus grands potentats du siècle :

Saint Dominique personnifiant la foi ;

Le pape Alexandre VI ;

L'empereur Frédéric III, père de Maximilien, aïeul de Charles-Quint, dernier empereur couronné à Rome (remarquer la couronne impériale et romaine du personnage) ;

Et enfin, Ferdinand V, dit le Roi Catholique, introducteur en Castille de cette même Inquisition représentée par saint Dominique.

L'acte du chevalier qui menace Henri de son poignard et lui présente en même temps le rameau de *Roses blanches*, emblème de la maison d'York, confirme et caractérise la donnée historique de ce merveilleux et précieux ouvrage.

Dans le fond, un paysage : églises et maisons gothiques.

Nous reproduisons ci-dessous la notice due à M. Paul Lefort, publiée dans le Catalogue de 1878 (vente Astruc) :

« Ce mystérieux et précieux tableau votif, allusif, sans doute aucun, à l'heureux dénoûment, pour les Tudors, de la guerre des *Deux-Roses*, avec ses quinze petits panneaux reproduisant

les scènes principales de la vie du Christ, quinze perles sertis-
sant un diamant, est, nous ne craignons pas d'y insister, un
monument du plus haut comme du plus sérieux intérêt pour
l'histoire de la primitive École flamande et des origines de
l'art.

« Sont-ils de Memling ces merveilleux panneaux ? Sont-ils
plutôt de quelque autre élève des Van Eyck, ou bien de ce Gérard
David, de cet Hugo van der Goës, ou de ce Stuerbout dont nous
savons encore si peu de chose ?

« Le temps, les documents, les éléments de comparaison et
d'étude, tout manque à notre critique pour résoudre sur l'heure,
avec preuves à l'appui, l'attirant problème que posent ces déli-
cates peintures, véritables miniatures à l'huile, ingénieuses
autant qu'ingénues, si exquises dans leurs fins détails, toutes
d'une simplicité d'inspiration et d'une grâce d'exécution également
ment charmantes et fortes. Ah ! cet art du quinzième siècle, que
d'énigmes laborieuses il présentera longtemps encore !

« Mais, à quelque nom qu'on s'arrête dans la recherche de
ces précieuses peintures, il n'en demeure pas moins acquis que
nous sommes en présence d'une œuvre hors ligne, capitale,
historique au premier chef, et de tous points digne de prendre
place dans la plus noble collection ou dans le plus riche
musée ; et, s'il en devait advenir, comme nous osons le souhaiter,
c'est dans un des nôtres qu'elle ne tarderait guère à trouver cette
place. Croyez, au surplus, que plus d'un de ces petits panneaux
où se déroule avec tant de naïveté et de grandeur quelque
épisode de la vie du Christ, n'y ferait point trop insuffisante
figure. »

MIERIS (WILLEM)

31 — Danaé.

Elle est représentée sur un lit de repos; près d'elle, un
Amour soulève son voile; au premier plan, un autre Amour
recueille les pièces d'or.

Grande finesse d'exécution.

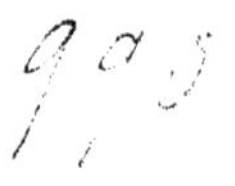

B. — H., 0ᵐ,56. L., 0ᵐ,43.

MIGNON (Abraham)

32 — Son portrait.

Il est représenté debout, en costume de l'époque, recouvert d'un manteau de velours, appuyé contre une balustrade en pierre.

De la main droite il retient son manteau la gauche est étendue vers un parc. Derrière lui, des arbres, un vase Louis XIV et des fleurs merveilleusement peintes.

Très belle signature sur le socle en toutes lettres : A. Mignon f.

T. — H., 0^m,57. L., 0^m,48.

MURILLO

33 — Jacob à la fontaine.

Cette composition appartient à la série des Murillos de la collection Salamanca ; ils datent de l'époque où Murillo sortant de l'école de Juan del Castillo, doué d'une facilité prodigieuse, improvisait des sujets religieux pour les vendre à Séville ou les expédier au Mexique (*partida de pinturas*).

T. — H., 1^m,04. L., 1^m,62.

NEEFS (Peter)

34 — Intérieur de la cathédrale d'Anvers.

OSTADE (Isack Van)

Né à Harlem en 1621. — Mort en 1649.

35 — La Mort du cochon.

Devant une chaumière, des paysans tuent leur porc, dont une vieille femme recueille le sang dans une poêle ; autour d'eux, des enfants joyeux regardent curieusement cette scène familière.

Ce petit tableau est traité avec une justesse d'expression complétée par l'exécution qui est de la plus belle qualité du maître.

Gravé par Courtry.

Collection Courtin, n° 17.

B. — H., 0^m,26. L., 0^m,23.

36 — Intérieur de paysans. Les soins maternels.

Le moment choisi par le peintre est, détail humoristique, celui où la mère vaque aux soins familiers de la toilette du dernier né.

B. — H., 0^m,22. L., 0^m,32.

POTTER (Paul)

37 — Chien lévrier.

Collection du comte de la Béraudière.

PORTE (Roland de la)

38 — Brioche.

Ovale.

T. — H., 0^m,40. L., 0^m,32.

POUSSIN (Nicolas)

39 — L'Éducation de Bacchus.

Composition importante peinte par exception sur toile à impression blanche ; aussi le coloris est-il resté harmonieux et séduisant quoique sobre.

Les nymphes qui entourent le jeune dieu sont charmantes. Rien n'est plus heureux, plus imprévu, plus poétique que cette charmante et savante composition.

Collection Hamilton.

T. — H., 1^m,45. L., 2^m,16.

40 — L'Empire de Flore.

Ce tableau a été gravé par Gérard Audran. Sur la gravure, on lit l'inscription suivante :

« L'Empire de Flore, ou les Métamorphoses des personnes changées en fleurs. Ajax changé en Hyacinte marqué des deux premières lettres de son nom. Clytie en Girasol qui suit le soleil. Adonis en Passefleur. Narcisse en fleur de son nom. Hyacinte en Hyacinte. Smilax et Crocus en petites fleurs. »

Peint sur toile à impression rouge.

H., 0^m,47. L., 0^m,61.

REMBRANDT (Van Ryn)

Né à Leyde en 1606. — Mort à Amsterdam en 1669.

41 — Portrait de Saskia Ulenburgh de Leeuwarden, la première femme de Rembrandt.

Elle est représentée debout, vue de profil, peinte à mi-corps, costume de l'époque. Elle porte une robe noire, serrée à la taille par une ceinture bleue. Un vaste et splendide col en guipure, à plusieurs rangs superposés, ce qui lui donne un aspect de richesse extraordinaire, couvre entièrement le haut de la poitrine et les épaules; tous les connaisseurs en admirent l'exécution magistrale. Les plans du visage sont indiqués par un modelé d'une finesse incomparable. Le profil se détache nettement sur un fond obscur et pourtant le contour reste doux, gras et moelleux. La peinture, fine, délicate et soignée, est complètement dans la première manière du peintre et peut servir à la caractériser.

L'exécution des cheveux dépasse tout ce que l'ancienne École a pu faire : ces cheveux, d'un blond cendré, ont la légèreté d'un brouillard; de loin, c'est une chevelure; de près, c'est une vapeur.

Le joyau favori de l'époque, la perle, complète la parure de Saskia : deux grosses perles pendent à ses oreilles et un collier de perles entoure son cou; des perles, des diamants et un ruban bleu ornent sa chevelure.

L'œuvre est aussi pure que si Rembrandt venait d'y mettre la dernière main.

Aucun tableau, excepté *la Leçon d'anatomie*, signé et daté de la même année 1632 (au musée de La Haye), ne peut mieux rendre et faire comprendre la première manière du maître.

Saskia était fille de Rombertus Ulenburgh, qui fut pensionnaire de Leeuwarden de 1584 à 1597.

Du mariage de Rembrandt avec Saskia naquirent quatre enfants : deux fils et deux filles. Les trois premiers moururent en bas âge. Tytus, ou Titus, qui vint au monde le 22 septembre 1641, survécut seul à sa mère. Saskia mourut le 9 juin 1642.

Ce tableau, d'une conservation exceptionnelle, a pu rester

avec ses qualités et son ton argentin, ayant échappé aux agglo-
mérations successives des vernis.

Provient de la galerie du grand-duc de Hesse, auquel il avait
été acheté par M. le comte de Reiset, ancien ministre plénipo-
tentiaire de France à Cassel.

A été catalogué dans plusieurs ouvrages, et notamment dans
le *Catalogue historique et descriptif*, par M. Eugène Dutuit,
page 51, collections privées, et cité à tort comme le portrait de la
sœur de Rembrandt.

Consulter l'ouvrage de M. Émile Michel sur Rembrandt.

Signé à gauche et daté 1632.

T. — H., 0m,695. L., 0m,55.

REMBRANDT (Van Ryn)

42 — Le Repos pendant la fuite en Égypte.

La Vierge et saint Joseph, fuyant avec l'Enfant Jésus les soldats d'Hérode, se sont réfugiés dans une écurie pour y passer la
nuit.

Au premier plan, la Vierge est étendue à demi couchée sur la
paille, les mains jointes, drapée dans un manteau rouge, une
couverture grossière jetée sur ses genoux; elle dort profondé-
ment; près d'elle est assis saint Joseph qui sommeille la tête
appuyée sur sa main : il porte un vêtement gris avec un manteau
vert sombre; à sa ceinture est attaché un poignard; entre eux
deux, l'Enfant Jésus dans un berceau rustique. Au fond, dans
l'ombre, l'âne mange à un râtelier. Par une lucarne, on aperçoit
une autre pièce servant d'étable.

T. — H., 1m,30. L., 1m,60.

REPRODUCTION DES CATALOGUES DRESSÉS ANTÉRIEUREMENT

Catalogue de 1837, n° 217 :

Paysans endormis dans une étable.

T. — H., 4 pieds 2 p. L., 5 pieds 2 p.

———

Catalogue de 1839, n° 345 :

Paysans endormis dans une étable.

« Ils sont de grandeur naturelle. Sur le second plan est un enfant
« dans un berceau. »

H., 4 pieds 2 p. L., 5 pieds 2 p.

———

Catalogue de 1843, n° 387 :

Deux Mendiants endormis dans une écurie.

« Un homme et une femme ont demandé un abri et ont établi leur
« gîte dans une écurie où ils reposent ; la femme est étendue et
« couchée sur la paille et recouverte par une grosse couverture de
« laine ; l'homme est assis près d'elle et sommeille la tête appuyée
« sur sa main.
« L'intérêt d'un tableau pareil ne peut consister que dans la manière
« dont il est exécuté. Rembrandt sacrifiait presque toujours le côté
« poétique d'un sujet à l'effet et au prestige de la couleur, et tel est
« le mérite dominant de celui-ci.
« Gravé par Charles Mauduit.
« Deux figures. »

T. H., 1m,50. L., 1m,10.

Ce tableau de Rembrandt a jadis été désigné dans un ancien
inventaire sous un titre assez inattendu : *Deux Mendiants en-
dormis dans une écurie.* Cette désignation, qui ne brille pas par

l'exactitude, caractérise l'époque naïve où l'on cataloguait les peintures sans leur faire l'honneur de les regarder. Il y a bien, si l'on veut, une écurie ou du moins une étable, mais il n'y a point de mendiants. Les deux dormeurs, vêtus de costumes rustiques, sont évidemment la Vierge elle-même et saint Joseph et derrière eux, dans l'ombre, est l'Enfant Jésus, et la scène nocturne que l'artiste a voulu traduire n'est pas autre chose que *le Repos de la Sainte Famille pendant la fuite en Égypte*. La Vierge est habillée comme une paysanne ; le saint Joseph porte un bonnet d'ouvrier. L'impression générale est celle d'une anecdote de l'humble vie des travailleurs plutôt que la figuration d'un épisode de l'Évangile. Rembrandt aimait ces déguisements ou, pour mieux dire, ces emprunts à la réalité. Dans le *Ménage du menuisier* au Louvre, la pensée est la même. Rembrandt rajeunit tous les vieux thèmes sacrés : il place ses personnages dans le milieu contemporain, et la poésie qu'il en dégage n'en est que plus pénétrante.

Le Repos pendant la fuite en Égypte est une œuvre puissamment caractérisée ; les deux figures principales sont étudiées sur nature avec la plus intelligente sincérité, et jamais on n'a exprimé d'une façon plus exacte le lourd sommeil que provoquent les lassitudes d'un long voyage. La couleur elle-même s'endort dans une chaude atmosphère, les fonds étant de ce brun superbe que Rembrandt seul a bien connu, comme lui seul a compris la difficile manœuvre de ce beau rouge atténué, qui constitue en partie le costume de la dormeuse. Ce rouge, disons-le en passant, a quelque analogie avec celui de Nicolas Maes, auquel il a fait un instant songer.

Rembrandt a fait différentes études d'après nature pour ce tableau.

Au n° 356 du tome II de l'œuvre complet de Rembrandt décrit et commenté par M. Eugène Dutuit (1), nous trouvons, détail caractéristique, à la page 133, une très belle eau-forte (n° 356) signée : Rembrandt fecit 1637, représentant saint Joseph et la Vierge, étude ayant servi pour ce tableau.

Ce tableau, qui faisait partie de la collection de M. Aguado de Las Marismas, a été gravé par Mauduit (Galerie Aguado publiée à Paris par Gavard en 1843).

Consulter l'ouvrage de M. Michel sur Rembrandt.

(1) Publié par A. Lévy.

REMBRANDT (Attribué à)

43 — La Clémence de Cambyse.

Cambyse après sa victoire fit venir les trois fils du roi qu'il avait vaincu et leur commanda de percer leur père chacun d'une flèche. Les deux aînés obéirent à cet ordre barbare ; mais quand vint le tour du plus jeune, il s'agenouilla devant Cambyse en lui disant : « Je refuse ; plutôt la mort ». Touché de cette action filiale, Cambyse lui fit grâce et lui dit : « Délivre ton père ; tu seras roi ! »

Cette composition se retrouve par parties dans plusieurs eaux-fortes de la jeunesse de Rembrandt.

B. — H., 0^m,46. L., 0^m,67.

REMBRANDT (Van Ryn) — École de

44 — Philosophe écrivant.

B. — H., 0^m,26. L., 0^m,23.

ROMAIN (Jules)

45 — Deux fresques provenant de l'église de la Trinité du Mont à Rome.

Galerie Pourtalès.
N°s 138 et 139 du Catalogue.

H., 1^m,50. L., 0^m,82.

RUBENS (Pierre-Paul)

Né à Siegen en 1577. — Mort à Anvers en 1640.

46 — L'Ensevelissement du Christ.

Ce tableau, commandé à Rubens pour la ville de Cologne, par
un des comtes de Schœnborn, prince-électeur de Mayence,
grand chancelier de l'Empire, provient de la célèbre galerie de
Pommersfelden, où il figurait dans le Catalogue de 1719.

Mahlereyen in Ihro Churfürstlichen Gnaden Schlaff-Zimmer.

		Koch Ech : Zoll	Breith Ech : Zoll
8. —	Die Grablegung Christi, worben Maria, Joannes, Josephus von Arimathia, Nicodemus, Maria Jocobi, Salome, Magdalena. Figuren von 15. zoll gros, sehr schön. Vom Rubens.	2 » 8	2 » 1

B. — H., 0^m,82. L., 0^m,61.

RUYSDAEL (Jacob)

Né à Harlem vers 1625. — Mort dans la même ville le 16 novembre 1681.

47 — L'Hiver.

La neige enveloppe le paysage. Au premier plan, un fossé cou-
vert de glace est bordé de quelques arbres dépouillés ; un petit
pont jeté sur ce fossé donne accès à une chaumière délabrée d'où
s'échappe un mince filet de fumée ; auprès, une meule chargée
de neige ; derrière, un bouquet de bois ; à droite, une rivière
gelée sur laquelle patinent plusieurs petits personnages peints
avec la plus grande finesse ; plus loin, un pont, une ville et un
moulin à vent. Un ciel admirable traversé par de grands nuages
sombres ajoute à l'impression mélancolique du sujet.

Par son exécution et par sa poésie, ce tableau peut rivaliser
avec les morceaux les plus vantés du maître.

Mentionné dans le Catalogue raisonné de Smith, et dans l'ouvrage de Nagler, t. XIV, p. 91, où l'on lit :

« Robert Peel possède aussi un paysage d'hiver, que traverse un canal longé par une route : Waagen dit qu'il n'a jamais vu le sentiment de l'âpre saison mieux rendu. Le dessin, les effets de lumière, les gradations des tons sont d'une excellence magistrale ; la touche, d'une légèreté, d'une facilité merveilleuses. »

Collections Smith, — Stanley, — H. G. Munro, — Sir Robert Peel, — Prince Demidoff, — Courtin.

Gravé par Lucas.

T. — H., 0m,45. L., 0m,54.

SIBERECHTS (JAN)

48 — Le Passage du gué.

Paysage avec figures et animaux.

T. — H., 1m,04. L., 0m,89.

SLINGELAND (PIERRE VAN)

?

49 — Nature morte.

Sur une dalle de pierre, un vidrecome, une orange, une huître, une pipe et un papier imprimé contenant du tabac.

Signé à gauche : P. V. Slingeland F.

B. — H., 0m,35. L., 0m,28.

TAUNAY

50 — Les Naufragés.

B. — H., 0m,15. L., 0m,23.

TÉNIERS (David)

51 — Le Tir à l'arc.

Au milieu d'un village, des paysans ont installé un tir à l'arc ; tous sont attentifs au coup que va tirer l'un d'eux ; celui-ci vise soigneusement le but. A droite et à gauche du tir, les spectateurs forment des groupes animés ; chaque petite figure est admirablement particularisée dans son expression ; toutes sont spirituelles et vivantes.

Derrière le tir, le paysage va s'étageant en collines que couronnent des chaumières et des arbres d'un feuillé délicat. Sur la droite, la vue s'étend sur la campagne. Ciel lumineux et fin.

A droite, un cabaret ; sous l'auvent, des buveurs ; au premier plan, divers accessoires, des bancs, tonneau, cruche, chopes, etc.

N'oublions pas le petit chien que Téniers aimait à reproduire, et derrière le groupe de gauche, l'homme qui s'isole habituellement dans les tableaux du maître. On dirait, un dimanche, une scène de la vie réelle que l'on a transportée directement sur la toile.

L'œuvre plaît par sa vérité comme par sa simplicité.

Tableau d'une exécution légère et tout entière d'une harmonie blonde et lumineuse.

Signé à droite : D. Téniers fec¹.

Galerie du prince de Courlande.

Collection du duc de Dino.

T. — H., 0ᵐ,49. L., 0ᵐ,77.

52 — La Leçon de flûte.

La leçon de flûte est un motif emprunté à l'existence des paysans, mais on y entrevoit une secrète pensée. Un vieux paillard très laid et sournois, la tête cachée sous un feutre gris, animé par un espoir caché, courtise une jeune fille en lui enseignant l'art de jouer de la flûte ; assis devant une table dans un cabaret, il tient une cruche de la main gauche et, comme son élève l'intéresse d'une façon particulière, il appuie sa main droite sur son épaule et la couve du regard.

La naïve créature paraît absorbée dans ses efforts pour apprendre la leçon qu'il lui donne ; mais la femme du vieux séducteur l'examine par une porte entr'ouverte et sa mine jalouse annonce un prochain orage.

Les petits tableaux de Téniers sont supérieurs aux grands ; ses petites figures sont d'une touche très spirituelle, le caractère y est parfaitement saisi, et son habileté dans le rendu de ses accessoires en fait un peintre inimitable.

Signé sur l'épaisseur de la table : D. Téniers fecit.

B. — H., 0ᵐ,26. L., 0ᵐ,21.

53 — Le Fumeur.

Ce tableau forme pendant à *la Leçon de flûte*.

Une vieille femme, attablée devant un réchaud, où elle fait sécher du tabac, converse avec un jeune homme assis près d'elle sur un tronçon de poutre. Le fumeur lui montre d'un air superbe une longue chope de bière et sa pipe, semblant dire que ces deux instruments suffisent à son bonheur.

Au fond de la salle, dans une annexe, deux paysans se chauffent et fument devant une cheminée rustique.

L'exécution est partout d'une remarquable finesse et d'une grande liberté.

Signé en bas, à gauche : D. Téniers fec.

Galerie de Pommersfelden.

Collection de Schœnborn.

B. — H., 0ᵐ,26. L., 0ᵐ,21.

THEOTOCOPULI (Domenico) *dit* El Greco

54 — Sainte Famille.

La Vierge assise allaite l'Enfant Jésus. Derrière, saint Joseph.
Important et curieux spécimen de l'art espagnol.
Collection de Madrazo.
Collection Salamanca, où il figurait sous le nº 15.

T. — H., 1ᵐ,06. L., 0ᵐ,87.

THEOTOCOPULI (Domenico)

55 — Adoration des bergers.

Groupe de pasteurs entourant l'Enfant Jésus. La Vierge veille sur l'Enfant et prie. Dans le lointain, d'autres pasteurs. Des anges groupés, radieux, s'enlèvent en lumière sur le ciel.
Cette peinture a l'éclat d'un émail.

C. — H., 0m,23. L., 0m,21.

TIEPOLO

56 — Jeunes Amours guidant une Colombe.

T. ovale. — H., 0m,54. L., 0m,60.

VERENDAEL (Nicolas Van)

57 — Vase de fleurs.

Les œuvres de ce peintre ont été, souvent à tort, attribuées à David de Heem.
Signé, en toutes lettres, à droite, dans le bas du tableau.
Galerie de Pommersfelden.
Collection de Schœnborn.

T. — H., 0m,45. L., 0m,36.

ÉCOLE FRANÇAISE

58 — Danse champêtre.

T. — H., 0m,94. L., 1m,25.

59 — Sous ce numéro seront vendus les tableaux anciens non catalogués.

TABLEAUX MODERNES

DÉSIGNATION

BEAUMONT (A. de)

60 — Les Sphinx.

Signé à droite.

T. — H., 1m,25. L., 0m,98.

BENOUVILLE (Achile)

61 — La Campagne de Rome.

On aperçoit Saint-Pierre et le Vatican.
Signé, à droite : A. Benouville. Rome, 66.

T. — H., 0m,60. L., 1m,11.

BRETON (Émile)

62 — Bords de l'Oise.

A droite, au bord de la rivière, un grand bouquet d'arbres
avec une chaumière ; au bord de l'eau, des laveuses. A gauche,
de l'autre côté de la rivière, un champ de blé ; au fond, des
collines boisées.
Signé à droite et daté.

T. — H., 1m,20. L., 0m,80.

CAROLUS-DURAN

63 — Dans la rosée.

Peinture faite avec amour, surprenante vérité, très remarquable exécution, une des œuvres capitales du maître.
Salon de 1874.
Signé, à droite : Carolus Duran. Fontainebleau, 1873.

T. — H., 2^m,00. L., 1^m,01.

CHAPLIN (CHARLES)

64 — Le Rêve d'amour.

Tableau important dans l'œuvre de Chaplin.
Signé à gauche.

T. — H., 1^m,82. L., 2^m,17.

CLÉMENT (A.)

65 — La Sieste.

Signé à droite : A. Clément. Rome, 1859.
Ce tableau, le plus célèbre dans l'œuvre de l'artiste, faisait partie de la collection du duc de Morny.

T. — H., 1^m,18. L., 1^m,97.

COROT

66 — Le Vieux Paysan.

Étude d'après nature ; intérieur de ferme.
Signé, à droite, en toutes lettres.

T. — H., 0^m,24. L., 0^m,30.

COROT

67 — Les Bords du lac de Némi.

Étude provenant de la vente Corot.

H., 0ᵐ,22. L., 0ᵐ,29.

COURBET (Gustave)

68 — L'Atelier du peintre ; allégorie réelle.

Signé à gauche : ..55, G. Courbet.
Exposition particulière de 1855.
Sur le Catalogue de cette exposition le tableau portait la mention suivante : « L'Atelier du peintre, allégorie réelle, déterminant une phase de sept années de ma vie artistique. » L'intention de l'artiste avait été de résumer et de grouper les éléments de son éducation, c'est-à-dire de rassembler dans un même cadre tous les types et toutes les idées qui avaient rempli son existence depuis 1848. A gauche, on voit les représentants des diverses catégories sociales, le prolétaire, le pauvre, le marchand, le prêtre, le braconnier, le croque-mort. La partie de gauche est réservée à l'amitié et à la manifestation des sentiments du jeune âge. Parmi les personnages, on reconnaît aisément les portraits de Baudelaire, Champfleury, Proudhon, Promayet, Bruyas.

Nous publions, à titre de document intéressant, la lettre suivante, où le peintre donne les plus grands détails sur ce tableau qui a été son œuvre capitale.

LETTRE DE G. COURBET A CHAMPFLEURY.

« Mon cher ami,

« Malgré que je tourne à l'hypocondrie, me voilà lancé dans un immense tableau, 20 pieds de long, 12 de haut ; peut-être plus grand que l'*Enterrement*, ce qui fera voir que je ne suis pas

encore mort, et le réalisme non plus, puisque réalisme il y a.
C'est l'histoire morale et physique de mon atelier, première partie; ce sont les gens qui me servent, me soutiennent dans mon
idée et participent à mon action. Ce sont les gens qui vivent de la
vie, qui vivent de la mort, c'est la société dans son haut, dans son
bas, dans son milieu, en un mot, c'est ma manière de voir la
société dans ses intérêts et ses passions, c'est le monde qui vient
se faire peindre chez moi. — Vous voyez, ce tableau est sans titre,
je vais tâcher de vous en donner une idée plus exacte en vous le
décrivant sèchement. La scène se passe dans mon atelier à Paris;
le tableau est divisé en deux parties, je suis au milieu, peignant
à droite sous les actionnaires, c'est-à-dire les amis, les travailleurs, les amateurs du monde de l'art. A gauche, l'autre monde
de la vie triviale, le peuple, la misère, la pauvreté, la richesse,
les exploités, les exploiteurs; les gens qui vivent de la mort. Dans
le fond, contre la muraille, sont pendus les tableaux du *Retour
de la foire*, les *Baigneuses* et le tableau que je peins. . . .

« Je vais vous énumérer les personnages en commençant par
l'extrême gauche : au bord de la toile se trouve un juif que j'ai
vu en Angleterre, traversant l'activité fébrile des rues de
Londres, en portant religieusement une cassette sur son bras
droit et la couvrant de la main gauche; il semblait dire: C'est moi
qui tiens le bon bout; il avait une figure d'ivoire, une longue
barbe, un turban, puis une longue robe noire qui traînait à terre.
Derrière lui est un curé d'une figure triomphante, avec une
trogne rouge. Devant eux est un pauvre vieux tout grelu, un
ancien républicain de 93 (ce ministre de l'intérieur par exemple,
qui avait fait partie de l'Assemblée quand on a condamné à mort
Louis XVI! celui qui suivait encore l'an passé les cours de la
Sorbonne), homme de quatre-vingt-dix ans, une besace à la
main, vêtu de vieille toile blanche rapiécée. ..... il regarde à ses
pieds des défroques romantiques (il fait pitié au juif); ensuite
un chasseur, un faucheur, un hercule, un queue-rouge, un
marchand d'habits, galons, une femme d'ouvrier, un ouvrier,
un croque-mort, une tête de mort dans un journal, une Irlandaise allaitant un enfant, un mannequin; l'Irlandaise est encore
un produit anglais; j'ai rencontré cette femme dans une rue de
Londres, elle avait pour tout vêtement un chapeau en paille,
noire, un voile vert troué, un châle noir effrangé sous lequel
elle portait un enfant nu sous son bras. Le marchand d'habits
préside à tout cela, il déploie ses oripeaux à tout ce monde
qui prête la plus grande attention, chacun à sa manière. Derrière lui, une guitare et un chapeau à plumes au premier plan.

« Seconde partie :

« Puis vient la toile sur mon chevalet et moi peignant avec le côté assyrien de ma tête. Derrière ma chaise est un modèle de femme nue ; elle est appuyée sur le dossier de ma chaise, me regardant peindre un instant ; ses habits sont à terre en avant du tableau ; puis un chat blanc près de ma chaise. A la suite de cette femme vient Promayet, avec son violon sous le bras, comme il est sur le portrait qu'il m'envoie ; par derrière lui est Bruyas, Cuenot, Buchon, Proudhon (je voudrais bien avoir aussi ce philosophe Proudhon qui est de notre manière de voir ; s'il voulait poser, j'en serais content ; si vous le voyez, demandez-lui si je puis compter sur lui). Puis vient votre tour en avant du tableau : vous êtes assis sur un tabouret, les jambes croisées et un chapeau sur vos genoux. A côté de vous, plus au premier plan encore, est une femme du monde avec son mari, habillée en grand luxe. Puis, à l'extrémité à droite, assis sur une table d'une jambe seulement, est Baudelaire, qui lit dans un grand livre ; à côté de lui est une négresse qui se regarde dans une glace avec beaucoup de coquetterie. Au fond du tableau, on aperçoit dans l'embrasure d'une fenêtre deux amoureux qui disent des mots d'amour, l'un est assis sur un hamac ; au-dessus de la fenêtre, de grandes draperies de serge verte ; il y a encore contre le mur quelques plâtres, un rayon sur lequel il y a une fillette, une lampe, des pots, puis des toiles retournées, puis un paravent, puis, plus rien, qu'un grand mur nu. Je vous ai fort mal expliqué tout cela, je m'y suis pris au rebours : j'aurais dû commencer par Baudelaire, mais c'est trop long pour recommencer, vous comprendrez comme vous pourrez. Les gens qui veulent juger auront de l'ouvrage, ils s'en tireront comme ils pourront. Car il y a des gens qui se réveillent la nuit en sursaut, en criant : Je veux juger ! il faut que je juge ! Figurez-vous, mon cher, qu'ayant ce tableau en tête, j'ai été surpris par une jaunisse affreuse qui m'a duré plus d'un mois ; moi, qui suis toujours pressé quand je me résigne à faire un tableau, je vous laisse à penser dans quelle inquiétude j'étais : perdre un mois, moi qui n'avais pas un jour à perdre, enfin je crois que j'y arriverai ; j'ai encore deux jours par personnage, sans compter les accessoires ; malgré cela il faut qu'il soit fait. J'enverrai quatorze tableaux à l'Exposition, presque rien que des nouveaux, excepté l'*Enterrement*, *les Casseurs de pierre* et mon portrait à la pipe que Bruyas vient de m'acheter 2000 francs ; il m'a acheté aussi *la Fileuse* 2500 francs ; j'ai eu de la chance ; je vais payer ce que je dois et faire face à l'Exposition : je ne sais comment j'aurais fait sans cela, il ne faut jamais désespérer. J'ai un tableau de mœurs de campagne qui est fait, des cribleuses de blé, qui rentre dans la série des demoiselles de village. Tableau étrange aussi ; j'ai l'esprit fort triste, l'âme très vide, le foie et le cœur dévorés d'amertume. A Ornans je fréquente un café de braconniers et de gens du gai savoir... Tout cela ne m'égaye pas. . . . .

« Il paraît que Promayet est très malheureux aussi, tâchez de lui aider à trouver quelque chose ; la fierté et l'honnêteté nous tueront tous. Dans ce moment-ci, je ne puis rien faire, il faut absolument que je sois en mesure pour l'Exposition.

« Je vous embrasse de cœur,

« GUSTAVE COURBET. »

T. — H., 3ᵐ,59. L., 5ᵐ,96.

COURBET (GUSTAVE)

69 — Le Ruisseau du Puits noir.

Signé à gauche : G. Courbet, .55.

Courbet, dans son œuvre, considérait ce tableau, entièrement peint d'après nature, comme le meilleur de ses paysages.

Nᵒ 56 de l'Exposition des œuvres de Courbet à l'École des Beaux-Arts en 1882.

Collection Secretan.

T. — H., 1ᵐ,04. L., 1ᵐ,38.

70 — Les Amants dans la campagne ; sentiments du jeune âge.

Signé à droite : G. C., 1844.

Expositions particulières de 1855 et 1867.

Nᵒ 20 de l'Exposition des œuvres de Courbet à l'École des Beaux-Arts en 1882.

T. — H., 0ᵐ,76. L., 0ᵐ,59.

COURBET (GUSTAVE)

71 — La Plage d'Étretat; soleil couchant.

N° 115 de l'Exposition des œuvres de Courbet à l'École des Beaux-Arts en 1882.

T. — H., 0ᵐ,53. L., 0ᵐ,65.

72 — Marine; effet du matin.

N° 114 de l'Exposition des œuvres de Courbet à l'École des Beaux-Arts en 1882.
Signé à gauche : ..69. G. Courbet.

T. — H., 0ᵐ,50. L., 0ᵐ,60.

DAUBIGNY (CHARLES-FRANÇOIS)

73 — Une Plage à marée basse.

Allant de droite à gauche, où elles se perdent à l'horizon, les hautes falaises déroulent leur silhouette edentée sous un ciel gris d'automne. Au premier plan, le lit sablonneux de la mer que les eaux, retirées au loin, ont laissé à découvert. Au second plan s'étendent jusqu'aux falaises des couches de varech. A gauche, vers l'horizon, la nappe claire d'une mer calme. Vue prise près Étretat (côtes de Normandie). Très belle étude émaillée, dans la gamme des tons gris.
Signé à droite : Daubigny, 1876.
Collection John Saulnier.

B. — H., 0ᵐ,31. L., 0ᵐ,51.

74 — La Prairie. Lever de lune.

Vente Chaplin.
Signé à droite.

B. — H., 0ᵐ,18. L., 0ᵐ,27.

DECAMPS

75 — Chasse au miroir.

Composition de cinq figures. L'un des chasseurs tire une
alouette ; un autre, accroupi sur le terrain, fait taire son chien ;
un troisième charge son fusil.

Signé en toutes lettres en bas.

Provient de la collection du duc de Morny.

T. H., $0^m,35$. L., $0^m,50$.

DELACROIX (Eugène)

76 — La Mort de Sardanapale.

Salon de 1827.

T. — H., $3^m,95$. L., $4^m,95$.

Nous croyons, pour cette page si importante dans l'œuvre du
grand coloriste français, devoir reproduire en entier l'étude que
M. Théophile Sylvestre y a consacrée. Nous pourrions sans doute
faire quelques réserves sur certains points vigoureusement
exprimés, peut-être même avec trop de rudesse ; nous nous
arrêtons au parti de citer textuellement.

MORT DE SARDANAPALE

(TABLEAU EXPOSÉ EN 1827)

I

Malgré sa grande renommée, malgré l'abondance, la splendeur
et l'expression de ses ouvrages, — les uns presque parfaits, les
autres inégaux et outrés, mais fourmillant de belles choses, —
Eugène Delacroix, à l'apogée et même à la fin de sa carrière,
était loin de se sentir généralement compris et admiré : « Voilà
plus de trente ans que je suis livré aux bêtes ; et ce n'est pas
fini, » nous disait-il un jour. Jamais en effet homme de génie ne

fut plus séparé du vulgaire par l'originalité, la hauteur et la
violence de son œuvre. Tant d'années de luttes l'avaient laissé
défiant et railleur envers la critique contemporaine ; mais il
comptait sur le jugement de la postérité. Comme les Maîtres les
plus profonds et les plus élevés, il avait besoin de mourir pour
être plus vivant que jamais. Sa mort fut son apothéose.

« Je vais enfin être jugé, dit-il, au moment suprême. Je n'ai
pas peur de l'être. »

Telle était la lucidité de ce pressentiment, que la vente posthume des moindres fragments de l'œuvre d'Eugène Delacroix fut
la consécration du Maître : on se les enleva, non pas avec un
engouement que le temps emporte, mais avec un enthousiasme
réfléchi, chaque jour croissant, et durable.

L'esprit toujours fixé sur ce rameau d'or, « conquête des
grands cœurs », que montre sa *Sibylle*, Eugène Delacroix était
tellement épris d'immortalité, qu'il se donna, toute sa vie,
d'indicibles tourments pour multiplier ses ouvrages et pour
conjurer leur altération et leur destruction : les caprices de
l'atmosphère, les hasards du transport et toute sorte d'accidents
imaginables le faisaient frémir pour chacun de ses tableaux. Il
les traitait comme des enfants infirmes et toujours en danger de
mort ; tant il en avait à la fois la maternité tendre et la paternité
soucieuse !

Cette peur de la destruction redoublait son labeur, sa con-
stance et sa fécondité. Il allait, il allait trop, et souvent trop vite,
même pour ce siècle à vapeur ; mais il voulait se perpétuer à
force de produire, et disputer toujours quelque lambeau de plus
de sa mémoire au temps, aux naufrages, à l'incendie et aux
révolutions. Lui, qui maudissait les émeutiers de 48, au Palais-
Royal, où périt un de ses tableaux, n'a pas eu au moins le
malheur de voir les Vandales de la Commune brûlant, avec
l'Hôtel de Ville, ses peintures du salon de la Paix ; avec la Cour
des Comptes, son *Justinien* ; prêts à pétroler, au Louvre, tous
les chefs-d'œuvre, en criant : « Nous en ferons d'autres ! » enfin
renversant la Colonne sur un lit de fumier : comme si la bar-
barie pouvait, en rasant les monuments, abolir le génie,
l'héroïsme et l'histoire !

Plus les œuvres d'art qu'il nous reste, après tant de folies, de
crimes et de hontes, sont menacées, plus nous les aimons. C'est
surtout par ce sentiment que s'affirment encore, aux yeux des
peuples, l'intelligence et la vitalité françaises. Depuis nos
derniers désastres, les esprits, prostrés par des scènes hideuses,
ne peuvent être relevés que par l'amour du bien et le plaisir du

beau. On dirait, depuis quelque temps, que l'acquisition des tableaux est, pour les cœurs attristés, la meilleure des consolations et, pour les fortunes inquiètes, le plus solide des placements. Les collections et les musées se multiplient et se complètent, dans les deux mondes, avec une extrême ferveur.

Toutes les rares fois qu'un très célèbre tableau de notre École moderne est mis en vente, il ne manque pas de mettre en branle le monde artiste, surtout s'il est de Delacroix, maintenant le favori de l'opinion et le lion des enchères. Entre tous les tableaux fameux de l'illustre Maître, il en est un, de la plus vaste dimension, d'une importance tout à fait capitale dans la tradition de l'Art français ; un anneau vivant de sa chaîne historique. Ce tableau, du plus orageux renom, où l'auteur vit dans l'outrance de ses défauts et de ses qualités, et qui fit tempête, au Salon de 1827 : c'est *la Mort de Sardanapale*.

Sa très prochaine mise en vente est un événement.

Eugène Delacroix le faisait, à vingt-huit ans, dans tous les transports de la gloire naissante et de l'âge enflammé, mais aussi sous les influences diverses et troublantes de quelques maîtres vivants de l'Angleterre, qu'il venait de visiter, et qui l'avaient séduit : Wilkie, Lawrence, Etty, Constable et Turner. Chez nous, d'aucuns voyaient en Delacroix un chef d'École, d'autres un chef d'émeute. C'était au plus fort du Romantisme, au moment décisif de cette querelle, dite *des Coloristes et des Dessinateurs;* querelle qu'il est peut-être bon de rappeler sommairement, ici.

II

Les dessinateurs, derniers héritiers de l'École de David, posaient en principe le culte exclusif de la forme humaine et faisaient résulter la beauté de la combinaison précise des lignes ou contours du dessin proprement dit. Pour eux, il n'y avait ni style ni caractère possibles hors de l'imitation des statues antiques, combinée avec l'étude du modèle vivant. Ils ajoutaient que l'amour de la couleur et le sentiment du paysage altèrent la forme humaine, la réduisent à un aspect vague et chatoyant, à une sorte de vérité, peut-être agréable aux yeux et fidèle à la réalité, mais mortelle à l'imagination.

Les coloristes soutenaient, au contraire, que la beauté résulte de l'expansion de la vie physique et de l'expression des passions de l'âme, au lieu d'être enserrée par des lignes convenues; qu'il est impossible de rendre complétement le relief, le mouvement, l'effet de la nature, autrement que par le prestige de la lumière et l'harmonie de la couleur ; que la statuaire antique elle-même est plutôt belle par la saillie et l'ampleur de ses plans que par la circonscription de son galbe ; que le pastiche des ouvrages les plus parfaits est nul ; que le choix du sujet est libre, à condition qu'on le rende bien ; que la peinture est « l'art de saisir l'esprit du spectateur en passant par ses yeux »; et que, supprimer le paysage, c'est priver le monde de place, d'air et de soleil; en un mot, refaire le chaos, etc., etc.

Grande logomachie, dans les deux camps.

L'École française était tombée en désarroi. L'autorité de David expirait. Restaient quelques caudataires savants, plus ou moins attachés à ses recettes, mais n'ayant pas cette dure fierté qui fit un homme épique du peintre de Socrate, de Marat et de Napoléon. Girodet croyait continuer Michel-Ange à force d'étirer les muscles de ses modèles; Gérard pourtraicturait l'Europe officielle: Le Thière outrait et vulgarisait encore l'atrocité stoïque de David, dans son *Exécution des fils de Brutus*, vaste machine terrifiante et grandiose.

Sans doute David avait un moment relevé l'Art française en commandant l'étude et les efforts à une génération d'artistes faciles et relâchés, qui faisaient tout de pratique, en se jouant; sans doute il leur avait montré comment il faut dessiner et jusqu'à un certain point comment il faut peindre; mais il ne leur avait pas appris à faire un tableau. David avait balayé le maniérisme de Boucher: mais, David mort, le maniérisme fut remplacé par une application minutieuse et stérile. A la fois trop attachés aux formes statuaires et aux formes vivantes, les derniers davidiens ne faisaient plus qu'hésiter, et sur la pensée et sur l'expression de leur sujet : ils *modernisaient* l'antique ou *antiquisaient* le moderne.

Les jeunes gens de dix-huit à vingt ans, — Géricault et Delacroix, élèves de Guérin, à leur tête, — avaient commencé à copier au Louvre les Rubens, les Véronèse et les Rembrandt. Jusque-là, les peintres n'avaient guère étudié que les sculptures du Musée des antiques. La réaction romantique était faite.

Le vrai précurseur du Romantisme fut Gros, qui, par des ouvrages d'un ensemble grandiose et dont les détails sont palpitants, rattachait seul encore l'Art français à la tradition magistrale. Mais, dès la chute de l'Empire, dont la force et la gloire l'avaient inspiré, Gros, manquant de confiance en son propre génie, avait tourné le dos à la jeune génération, encore électrisée par ses tableaux comme par des chants d'Iliade. Gros était un demi-dieu pour Géricault et pour Delacroix.

Aussi Gros fut-il pris par les derniers classiques davidiens pour première victime expiatoire des outrances romantiques. On lui reprocha ses meilleurs ouvrages comme autant d'erreurs et de mauvais exemples.

Après avoir fait son *mea culpa* devant les *Sabines* de David, Gros, menant le deuil de Girodet, fit sur sa tombe un discours que l'on peut résumer : « Girodet est mort!... qu'allons-nous devenir? Malheur à nous, qui sommes trop coloristes et pas assez dessinateurs! »

Quelles ne furent pas la surprise et l'irritation des classiques, déjà scandalisés par Géricault, de voir surgir, avec sa rutilante audace, Eugène Delacroix dans *le Massacre de Scio*, au Salon de 1824! *Dante et Virgile*, tableau relativement sage, quoique déjà très fier, avait passé. Mais *le Massacre de Scio*, tout en grandissant l'auteur dans l'opinion, fut appelé par les dessinateurs de l'Académie : « le Massacre de la Peinture. » L'éclat et la variété de la couleur, si naturels à Delacroix, et subitement surexcités chez lui par la vue d'un paysage de Constable, leur semblaient une agaçante profusion de rubans agités et de papillons voltigeants. « Ce jeune homme court sur les toits, » dit Gérard. « Il arrache les yeux et les membres à ses personnages, » dit Girodet. « Un grand peintre vient de naître, » dit Gros.

III

Écrivains et artistes s'étaient portés au Salon de 1827, comme au plus fort de la bataille. Ingres, déjà fait chevalier de la Légion d'honneur et nommé membre de l'Institut, pour son *Vœu de Louis XIII*, — concurremment exposé avec *le Massacre de Scio* et *la Naissance d'Henry IV*, d'Eugène Devéria, — Ingres exposait, cette fois, *l'Apothéose d'Homère*. Eugène Delacroix arrivait avec *le Christ au Jardin des Oliviers*, *Justinien*, *la Grèce sur les ruines de Missolonghi*, *Marino Faliero* et *la Mort de Sardanapale*.

Ingres l'emporta, de haute lutte, au nom des dessinateurs; Delacroix était battu, au nom des coloristes. L'opinion, chauffée par les extravagances de la presse, éclata : les deux partis artistes donnèrent chaque jour le scandale de leurs animosités. *Le Christ au Jardin des Oliviers*, *la Grèce sur les ruines de Missolonghi*, — que Lawrence vantait, et le *Marino Faliero*, qu'il voulait acquérir, — furent vilipendés par la critique. Mais le grain de tempête le plus noir souffla sur le *Sardanapale*. L'auteur n'était plus digne de la lumière du soleil.

Inutile de raviver ici ces *pour* et ces *contre*, tour à tour pédants et acerbes, ignares et brutaux ; articles éphémères, noyés, depuis quarante-cinq ans, dans les fonds bourbeux de l'histoire.

« Toutes ces contradictions du sort et de la critique, nous disait finement Eugène Delacroix, sans nous convaincre, ne m'ont jamais beaucoup occupé. La migraine que j'avais de temps en temps, et dont les années m'ont débarrassé, me trouvait beaucoup plus sensible. Je trouve que tous ces picotements de la fortune donnent plus de prix à la tranquillité dont je jouis. Ils ont même tourné à l'avantage de mes études en m'empêchant de me jeter dans la dissipation et d'aller dans le monde avant le moment où l'on peut réellement s'y plaire. »

Quoique Delacroix ait toujours montré, même dans ses pochades hâtives, plus de qualités qu'on ne lui a dit d'injures, il n'eut jamais l'impassibilité de les mépriser. Il les ressentait, au contraire, de la manière la plus vive ; mais il ne s'en affligeait qu'en secret, pour ne pas les accréditer. Le plus charmant des hommes, pourvu qu'on ne critiquât pas ses tableaux, il avait contre les écrivains tous les griefs et toutes les préventions possibles. Mais quelle joie pour lui, et quelle joie pétulante, s'il voyait en vous une vive et subite impression de ses œuvres ! Malgré son ironie et sa petite cautèle diplomatique, il avait cette constante sensibilité d'âme, « gracieuse maladie », que rien ne peut guérir et que tout alimente. Assez fort, malgré tous ses écarts, pour être absolument sincère, il aimait pourtant mieux peindre toute la vérité que la dire. Hélas ! c'est la timidité de l'homme de génie qui double l'insolence du vulgaire ! Mais Delacroix, arrivé depuis longtemps au « connais-toi toi-même », savait aussi à quel point ses moyens étaient encore disproportionnés à ses désirs. Le génie se tourmente ; la vanité se vante : le plus grand des sots est très fier ; mais Pascal fut très humble.

IV

En 1827, une de ses années les plus fécondes, malgré tous ses mécomptes, Delacroix ne doutait de rien : « *La Mort de Sardanapale* me paraissait, dit-il, une des plus belles plumes de mon chapeau. Me croyant à la veille d'être décoré pour cette prouesse *asiatique* contre les pastiches *spirtiates* de l'École de David, je mis mon plus bel habit et ma plus belle cravate blanche pour aller à une soirée de M. Sosthènes de Larochefoucault, alors directeur des Beaux-Arts. Je m'imaginais bonnement que ce personnage allait m'offrir la croix d'honneur. Je comptais sans l'hôte. M. de Larochefoucault vint à moi, et me lança d'importance : « Si c'est ainsi, monsieur, que vous entendez peindre, » me dit-il, « n'attendez pas de moi le moindre travail de longtemps. »

« — L'univers entier ne m'empêchera pas de voir les choses à « ma manière, » répondis-je en lui tirant ma révérence. »

Eugène Delacroix fut dix ans à l'index.

Malgré son étude incessante et très âpre de la nature et des maîtres, sublimée par la lecture des poëtes, Delacroix était encore loin d'être arrivé à des principes arrêtés et à des procédés certains. « Je vois chaque jour, nous disait-il, même vers la fin de sa vie, que je ne sais pas mon métier. » Sa première éducation pittoresque était en effet insuffisante, sinon mauvaise. Son tempérament et son esprit l'ont sauvé. Dans cette période romantique, tous les artistes qui ont marqué se laissaient tous aller à la diable : leurs moyens étaient à peu près instinctifs, et leurs conversations plutôt poétiques que professionnelles ; ils suppléaient de leur mieux le savoir par le sentiment.

M. Ingres, qui a été dans l'Art moderne un composé de Boileau, « législateur du Parnasse », et de Chérubini rageur, ouvrit son école et rétablit la discipline classique avec une implacabilité draconienne. Il devait d'ailleurs expier lui-même, en 1834, par son *Saint Symphorien*, la faute de trop dessiner, comme Delacroix avait expié, en 1827, par son *Sardanapale*, celle de ne pas dessiner assez.

Fatigué de ses propres agitations et vaincu par lui-même, le parti romantique se débanda : ce fut un sauve-qui-peut de personnalités. Quelques chefs de file, accordant très habilement leurs convictions avec leurs intérêts, se firent un amalgame de principes contraires, afin de plaire à tout le monde par quelque côté, en paraissant chercher la vérité partout.

Eugène Delacroix garda toute son indomptable personnalité, et grandit d'œuvre en œuvre, côtoyant les abîmes, illuminés de ses éclairs, aussi incapable de rectifier sa voie que de se refaire, et sûr d'avance de s'estropier en corrigeant. Quand il exagère les choses, d'ailleurs, nous ne perdons rien à ce maximum de valeur que leur prêtent son intelligence et son énergie. Le génie de l'abondance, du mouvement et de l'effet n'est pas celui de l'ordre et de la correction. Phidias eût trouvé Michel-Ange torturé, et Raphaël eût jugé Rubens apoplectique. La haute vertu de Delacroix, c'est d'être lui-même avec puissance et avec passion ; d'être de son temps par l'acuité et la fébrilité de ses sensations ; d'être de tous les temps et de tous les pays par l'étendue, la hauteur et l'intensité de ses facultés poétiques.

V

L'idée fixe d'Eugène Delacroix étant de « pousser à bout la donnée du tableau », comment a-t-il compris et rendu *la Mort de Sardanapale* ?

Après avoir relu le fait, dans la première histoire venue, avec l'ingénuité d'un enfant qui voit et anime tout ce qu'on lui raconte, il aspira dans le drame de Byron des impressions voluptueuses et altières ; mais, plus violent que Byron, plus cruel même que l'histoire, il ajoute ici le meurtre à l'incendie et poignarde les femmes avant de les brûler : comme il avait déjà plus fidèlement associé la peste à la guerre dans *le Massacre de Scio*, et comme il devait joindre plus tard la famine à la tempête dans *le Naufrage de Don Juan*.

Pour toute couleur locale, il se contenta de quelques croquis indiens de Victor Jacquemont. Vingt-cinq ans plus tard, il eût grandement profité du Musée assyrien, en se gardant bien toutefois de tomber, à la Gérôme, dans cette erreur qui fait de la Peinture une dépendance de l'Archéologie. Au reste, tout renseignement confirmait, au lieu de l'affaiblir, la forte originalité de Delacroix. Pas un document ne pouvait nuire à cette imagination avide et butinante. Tout peintre médiocre est un plagiaire ; tout grand artiste est une abeille.

Pour exprimer le faste et la volupté des mœurs asiatiques dans *la Mort de Sardanapale*, Eugène Delacroix se rappelait aussi quelques passages de Quinte-Curce sur les magnificences, les orgies babyloniennes et les fameux trésors des rois et des satrapes de ces contrées féeriques, aux montagnes pleines de pierres précieuses, aux grèves couvertes de perles et aux déserts de sable d'or.

Après deux ans de siège, Arbace et Bélésis ont forcé Ninive et le palais de Sardanapale. Dans une haute galerie, le dernier descendant de Ninus est mollement étendu et tranquillement accoudé sur son trône ou plutôt sur son lit de pourpre pâle, à têtes d'éléphants d'or massif, incrustées de joyaux. Ce lit forme le cœur d'un bûcher, qui s'allume. Sardanapale va s'y consumer avec ses trésors et ses femmes. La révolte triomphe. Les astres l'ont voulu. Nemrod, « le fort chasseur », et Sémiramis, la vieille reine sanglante, ont apparu au temple d'Astarté. Sardanapale laisse faire les dieux ; mais il veut que son bûcher soit la « leçon des siècles ». Aussi vit-on Calamus, prisonnier d'Alexandre, solliciter un bûcher comme une faveur, et s'y étendre, sans sourciller à la flamme, acclamé par l'armée entière et même par les éléphants, qui « bruirent je ne sais quoi de belliqueux en l'honneur de sa mort ».

Pendant que le bûcher s'embrase, Sardanapale fait égorger les femmes, à ses yeux; holocauste préalable et suave. Tigre plus doux que le velours et plus délicat qu'une rose !

L'égorgement des victimes commence :

La première, la favorite, qui a tant pleuré sur la « malheureuse beauté de son corps », est étendue, toute pâmée, les bras allongés sur la couche royale, avec une grâce féline, mais d'une tendresse infinie. La seconde, debout au pied du bûcher, a tendu la gorge au poignard, non pas avec la furie d'Agrippine ou l'élan tardif de Monime, mais avec une ivresse extatique, mêlée d'effroi, d'amour et de dévouement. La troisième, renversée, roulée sur un coin de la pourpre, plus morte que vive, ne voit même plus venir avec ses coutelets cette vieille libyenne qui va la tuer; duègne plus féroce qu'une panthère noire. La quatrième, femme de couleur, nonchalante et bonne, tourne le dos à Sardanapale et à la mort; mais son tour est venu. La cinquième se couvre la face désespérément. La sixième, prévenant le fer et le feu, s'est pendue par son écharpe à un bossage du palais. La voilà convulsive, disjointe.

A gauche, un palefrenier nègre amène le cheval de bataille du roi, — caparaçonné, empanaché, phaléré, cabré... poignardé. Là même, un autre esclave se poignarde. A l'opposite, deux officiers fidèles de la dernière heure : l'un éperdu, l'autre chargé des trésors que Sardanapale leur donne : « Partez! Vivez heureux ! » Autour du bûcher, amas d'objets précieux : idoles d'or, vases antiques, joyaux et armes consacrées.

Dans le haut du tableau, à la droite du roi, strictement vêtues, deux femmes restent encore à leur poste : celle qui éventait Sardanapale et son *échansonne*. Celle-ci a fini son service ; celle-là n'attend plus que le signe de verser à Sardanapale une dernière coupe : voilà l'aiguière et la coupe d'or de ses aïeux.

Là-bas, à travers l'atmosphère fuligineuse du ciel ouvert, qui sera tout à l'heure inondé de flammes, on aperçoit une porte géante des remparts, forcés par la révolte ; et, plus loin, le temple de Baal ; vague pressentiment du style colossal des ruines assyriennes, retrouvées par Layard et Botta. Ainsi, pour son *Marino Faliero*, Delacroix avait quasi deviné l'escalier des Géants.

L'effet général du *Sardanapale* est si prompt, que cela même
le rend indescriptible. La plume n'a ni la spontanéité ni le prestige du pinceau ; elle est lente, successive et toujours froide, à
l'analyse de la beauté.

L'ensemble du tableau saisi, arrêtons-nous au personnage
principal de la scène, très frappant par son caractère et son attitude. La composition, obstruée par endroits, est, d'ailleurs, un
peu vide ; mais l'espace libre autour du roi n'est que la distance
respectueuse, gardée par le plus intime entourage.

Sardanapale n'est pas ici le type de convention classique,
l'homme de la statue et de l'épitaphe d'Anchiale : « MANGE, BOIS,
FAIS L'AMOUR ; TOUT LE RESTE N'EST RIEN » ; non, c'est le doux et
terrible dandy de Byron, retrempé, acéré et rembruni par Delacroix, l'interprète suraigu et forcené des poètes ; c'est la person-
nification la plus haute, la plus délicate, la plus nerveuse et la
plus *tigrine du brutisme*. Ce roi de festins, de fleurs et de
débauches ; ce roi des fuseaux, « non sans grandeur royale », qui,
dans la dernière sortie du siège de Ninive, laissait son casque
pour son miroir et bandait ses blessures de son diadème, n'est pas
un « lasche et failli de cœur ». Coiffé d'une tiare éclatante, légère
et diamantée comme un papillon : des émeraudes en pendants
d'oreilles ; les pieds nus, avec une bague en pierreries à chaque
doigt ; et tout enveloppé d'un fin manteau blanc : il tient « bien
chaudement sa pauvre chair ». Mais, quoiqu'il déteste la guerre
et tous les guerriers ; quoiqu'il ait rassasié l'Asie « de paix et de
plaisirs », depuis le premier jour de son règne, il eût tout aussi
bien, au premier froncement d'humeur, fait de son empire un
lac de sang et un désert de cendres.

VI

Le premier effet de *la Mort de Sardanapale* est saisissant,
féerique, mais un peu confus. Les belles choses dont le tableau
foisonne sont plutôt épandues que concentrées : ces figures nues,
si richement pétries dans la lumière, semblent sorties brusque-
ment, à la Rubens, de ce fond sombre et fantastique. La donnée
si complexe du sujet aura fait un moment hésiter le Maître. Sa
verve ne pouvait presque aussitôt manquer de l'entraîner.

Pour rendre à la fois la splendeur, la terreur qu'un tel sujet
comporte et la tranquillité relative qu'il exige, Delacroix ne se
trouvait-il pas tiré à trois sensations? En effet, tous ces personnages, malgré les affres de la situation, doivent rester aveuglé-

ment soumis à cette aveugle fatalité d'où viennent tous les biens
et tous les maux, et qui n'admet ni la révolte de l'esprit, ni l'exas-
pération du geste. Il fallait que Delacroix restât au moins relativement tranquille dans *la Mort de Sardanapale*. Il l'a fait ; et c'est
peut-être à ce seul trait, si rare chez lui, qu'on le méconnut, au
Salon de 1827. Les formes déviées ou troublées qu'on lui reprocha
n'étaient pourtant, même aux yeux des puristes, que des beautés
d'action et d'expression, reconnues même par Girodet dans *le
Massacre de Scio*, tableau d'ailleurs plus serré et plus nourri que
la Mort de Sardanapale.

VII

Les femmes de Sardanapale sont une jonchée de fleurs
humaines. Elles rappellent à la fois l'éclat et la fraîcheur de
Rubens, la finesse de Lawrence, l'effet parfois excessif de Reynolds et la couleur mince, claire et trop mythologique d'Etty.

Delacroix, au moment de les peindre, revenait, avons-nous dit,
d'Angleterre, charmé de la beauté du sang des ladies, dont Van
Dyck, Reynolds et Lawrence ont immortalisé les types, et dont ils
pouvait seul éviter la frigidité.

Cette influence de l'art anglais est si sensible en maint endroit
du *Sardanapale*, qu'il suffit d'un mot, en passant.

VIII

Un point qui mérite plus d'insistance, c'est l'expression délicate et relativement chaste de cette réunion de femmes, la plupart
nues ou demi-nues, exposées aussi simplement ici que sur le
marché, où, peut-être, on les acheta. Comme les grandes dames
et les nobles jeunes filles de Babylone, qui assistaient nues à
d'illustres banquets, par politesse pour d'illustres étrangers, les
femmes de Sardanapale, coutumières du fait, ou blasées, dès
l'enfance, sur la beauté physique, s'étalent ingénument, ce qui
double leur charme. Aucune d'elles ni ne se cache, ni ne se
montre. Delacroix, nature aussi ardente que délicate, ne pouvait
laisser, même dans son ouvrage le plus voluptueux, ce cachet
lubrique qui répugne dans certains tableaux contemporains.
L'amour, dans l'œuvre de Delacroix, ne confine jamais au procès
actuel de la rue de Suresnes. C'est l'amour des tragiques, de
Racine ou de Shakespeare, l'amour qui consume Phèdre, fait rugir
Médée, mourir Juliette et Ophélie. Comparez aussi les femmes

de *la Mort de Sardanapale* à celles de *l'Orgie romaine*, de
M. Thomas Couture, et vous verrez la différence qu'il y a entre
une femme nue et une femme nue.

Delacroix avait ce sel qui préserve de la corruption, et ce feu
qui la brûle. Excessif, dans ses amours de jeunesse et même
d'âge mûr, il n'avait pourtant rien des affectations cyniques de
Stendhal, ni du vicieux dandysme de Mérimée, ses amis. Dans
ses ouvrages, Delacroix semble même avoir plaisir — sans être
dupe — à faire la femme d'une matière plus épurée que celle de
l'homme, et à lui inspirer — même sans y croire — le plus beau
dévouement. C'est que les femmes de Delacroix, au lieu d'être
les filles de tout le monde, étaient les femmes de son génie.

On a dit que, de toutes les passions violentes, celle qui fait le
moins de mal à la femme c'est l'amour. Toutes les amoureuses
de Delacroix en souffrent ou en meurent. Chez lui, comme dans
la vie même,

> L'amour est un tyran qui n'épargne personne.

Ses héroïnes n'ont jamais ni la tiédeur élégiaque, ni l'hypocrisie
sentimentale, ni la froideur de ces nénuphars, que Jules Barbey
d'Aurevilly ne veut pas cueillir :

> Nénuphars blancs, fleurs des eaux engourdies
> Dont la blancheur fait froid aux cœurs ardents.

Toutes, au contraire, — l'enthousiasme, l'angoisse, la terreur,
la mort dans l'âme et près du corps — sont exaltées par quelque
grande passion, par la folie de l'amour, du crime ou de la croix.
Elles adorent en mourant l'homme aimé, présent ou absent,
pour elles l'homme unique, dont la pensée seule est le soleil du
cœur et de l'esprit. Voyez, ici même, la femme debout, pous-
sant son âme dans son dernier soupir vers Sardanapale :

> Je sais que vos regards vont couvrir mes blessures.

Personne n'a si bien exprimé que Byron et Delacroix la puéri-
lité, grasse, paresseuse, pourtant si passionnée de la femme des
pays du soleil : Byron dans *Don Juan*; Delacroix dans les
Femmes d'Alger. Personne non plus n'a si ardemment *haleiné*
que le peintre de *Sardanapale* la beauté de ces courtisanes
ioniennes, libyennes ou persiques, qui épousèrent des rois, cra-
chèrent sur les diadèmes, et se firent bâtir des temples. Descendant lui-même par Sémiramis d'une prostituée, Sardanapale

regarde ces esclaves splendides et fatales qui font son esclavage ;
ces femmes dont le sang va couler, et que le feu dévorera comme
un encens vivant. Les unes,

> Ayant perdu mouvement,
> Pouls et haleine,

semblent avoir aussi perdu la mémoire jusqu'à se méconnaître ;
les autres exhalent la vie avec extase.

IX

Assurément les femmes du *Sardanapale* ne sont pas parfaites.
Quelques-unes en sont restées au premier souffle animateur du
Maître. Exemple : celle que vous voyez ici renversée sur le coin
gauche de la couche royale ou, pour mieux dire, du bûcher ;
mais ses formes sont d'une indication admirable, quand même.
Presque toujours au delà, rarement en deçà de la nature, Delacroix exprime tout sans dire, et suggère encore plus qu'il ne dit.
Sans doute il était encore loin, dans *la Mort de Sardanapale*, de
cette plénitude de formes et de cette richesse variée de couleur
dont il devait donner de si magnifiques exemples dans ses Médées,
dans ses Andromèdes, surtout dans les suppliantes des *Croisés
à Constantinople* et dans sa grande nymphe du *Plafond d'Apol-
lon*. Voyez déjà, ici, ces chairs pleines, onctueuses, flexibles ;
ces gorges fermes, ces cuisses à la Corrège, ces dos, ces épaules
et ces bras éblouissants à la Rubens ; enfin ce « mélange de lis et
de roses », si finement, si suavement embellis de veines azurées.
Tout cela charmait les sens et l'imagination de notre regretté
poète Charles Baudelaire, le plus enthousiaste, le plus subtil et
le plus naïf des interprètes d'Eugène Delacroix.

Ces corps, d'une complexion charmante, ont des flexions parfois difficiles, à cause de leur plénitude même, — quoique
l'huile de la vie y surabonde ; — les attaches même peuvent
sembler détachées. Exemple : la femme debout, dont le bras
défaillant s'allonge ; ce qui traduirait le dicton : « Les bras lui
tombent. » Mais c'est ici, surtout, qu'il faut dire la vérité aux
puristes : oui, certains défauts particuliers de forme, criants, si
vous voulez, peuvent parfois aider à l'intensité de l'expression.
Cela se voit dans les tableaux les plus sages, les plus sévères :
ainsi chez Poussin, le bras droit si abattu de la fille d'*Euda-
midas*.

Les bras de la favorite, aux pieds du roi, sont ravissants. Les
poignets de ces femmes sont un peu grêles, à la romantique, à la

Devéria ; quelques mains trop petites ; d'autres, grossies, sans plénitude et trop vermillonnées, selon la recette de Rubens et de son petit-fils Watteau. Dans l'œuvre d'Eugène Delacroix, les mains ont une physionomie toute particulière. Il en a fait d'horribles, par horreur des mains *académiques*, qu'il appelait des « fourchettes » ; mais il en a peint qui sont l'âme du geste, l'esprit, la passion et la fleur du toucher. Dans son portrait si fin, si nerveux, si mélancolique de M. Alfred Bruyas, qui rappelle ses Hamlets, la main tenant le mouchoir blanc, quoique un peu forte, est d'un effet profond. Dans ses tableaux religieux, infiniment mieux sentis encore que ses tableaux de volupté, les mains de ses femmes, d'une douceur angélique, d'une pureté sainte, ont de l'âme, de la pitié, de l'adoration jusqu'au bout des doigts, en touchant le corps du Christ et les blessures des martyrs.

Entre toutes ces femmes de Sardanapale, douces, tendres ou héroïques, celle-ci, par exemple, n'est pas plus soumise à Sardanapale qu'à la fatalité. En se pendant, elle n'a pas manqué son coup, comme la Monime de Mithridate ; mais elle s'en repent avec une frénésie qui n'appartient à ce point-là qu'au sexe *doux* et *faible*. Ses formes ultra-violentes et, sans jeu de mot, laissées en suspens par la verve haletante de l'artiste, firent pousser les hauts cris. Cette figure n'est que le croquis féroce du paroxysme. De là, paraît-il, le mot de M. Victor Hugo, qui a fait lui-même tant de monstres à froid : « Les femmes de Delacroix sont des grenouilles. » Il est pourtant vrai que celle-ci semble en contact avec la pile de Volta, plusieurs milliers d'années avant sa découverte.

X

Cette outrance d'expression ou cet emportement déformateur frappe encore ici par l'élan de ce personnage hagard, qui semble se précipiter dans le bûcher, en s'écriant. On dirait d'un des pestiférés fantastiques de Gros, acclamant Bonaparte à Jaffa : son bras fend l'air, en flèche ou en aileron ; et son œil, horrifié et par trop assyrien, reste ouvert sur les quatre points cardinaux.

Dans ses ouvrages de jeunesse, — plus tard, non, — Delacroix abusait un peu des yeux expressifs. On sera pourtant toujours ému des larmes de la jeune femme accroupie, qui soutient un blessé moribond, dans *le Massacre de Scio* : ces larmes lentes et gonflées tombent comme du plomb fondu. Chez la plupart des peintres, le même effet serait vulgaire ou nul. Mais Delacroix a le génie des détails palpitants, sans nuire à l'effet général de la scène : les regards atroces des émeutiers de sa *Barricade* sont des éclairs fixés de haine, qui font haïr l'émeute.

A propos des yeux, dans l'histoire des peintres, il faut pourtant reconnaître qu'ils n'ont vraiment grande importance que dans le portrait. Ces *miroirs de l'âme*, dans les tableaux à nombreux personnages surtout, tourmentent beaucoup trop l'attention générale du spectateur en l'appelant ou en le fusillant de tous les côtés à la fois. En cela Rubens lui-même nous paraît parfois agaçant. M. Paul Delaroche eût été capable, certains jours, de donner à toutes ses figures d'hommes le regard du « grand Frédéric » ou de Napoléon.

Les détails sont sans doute fort beaux, premièrement les yeux, quand le génie du peintre les fait aussi bien valoir que Delacroix l'a fait dans son *Sardanapale*. Par ses détails, au lieu de nuire à l'expression générale du tableau, il ne la rend que plus intense : il ajoute à l'enthousiasme par le regard de la femme debout que le soldat agenouillé poignarde ; à la grâce et à la volupté par ces chevelures magnifiques, relevées, à ces nuques superbes ; — souvenirs mêlés de Lawrence et de Devéria. Tout, jusqu'à l'amas brillant des superfluités décoratives, fortifie, pousse à bout la donnée du tableau. Ces trésors, accumulés depuis une longue suite de siècles, prodigués ici, rappellent tout le côté fastueux et féerique de l'Asie dissolue et guerrière et les immenses pillages ultérieurs d'Alexandre, dont les vastes machines de Le Brun refroidissent l'idée. La couleur, même la plus affaiblie, chez Delacroix, frappe encore l'imagination et retentit dans le souvenir : cette pourpre, d'un ton pâli et mourant, du lit de Sardanapale, s'effémine, s'efface et va disparaître avec la gloire des dynasties dont elle fut l'éclatant emblème. Par contraste, ce cheval de bataille, immolé au pied du bûcher, — comme plus tard on immolait un cheval par mois sur le tombeau de Cyrus, — nous dit assez que Sardanapale fut non seulement l'efféminé des classiques, mais aussi un homme d'énergie, à ses heures, comme sa fin le prouve.

Bien que *la Mort de Sardanapale* soit un tableau plein de belles choses et d'un effet général saisissant, on n'y voulait guère voir, au Salon de 1827, que des formes furieuses et féroces.

On s'écria, les uns : « Delacroix ne sait pas dessiner ! » les autres : « Delacroix peint avec un balai ivre ! » La gloire a balayé toutes ces inepties. Trois ans auparavant, dans *le Massacre de Scio*, le jeune Maître n'avait-il pas à la fois prouvé la justesse, l'onction et la grâce des formes féminines par la jeune fille que le cavalier turc entraîne, attachée aux crins de son cheval ?

XI

Un tableau est corps et âme. L'âme agit et réagit plus ou moins violemment sur les formes humaines : elle les embellit, les surmène, les altère ou les brise. Il est vrai que Michel-Ange, tout en idéalisant, c'est-à-dire en forçant le corps humain jusqu'au terrible et jusqu'au fantastique pourtant si vrai du *Jugement dernier*, reste jusqu'au moindre détail maître absolu de tout ce qu'il touche, anime, exalte et agrandit.

Delacroix était loin de cette impeccable et superbe maîtrise. Pensif, nerveux, souffrant, hâtif, emporté, imaginatif, prestigieux, il s'exaltait, s'hallucinait sur toutes les choses visibles ; et, au lieu d'en faire toujours l'histoire naturelle, plus ou moins dramatique, il lui arrivait souvent d'en ébaucher l'Apocalypse, la vision transportée. Il n'avait que le désir de l'ordre, qui est le premier trait de la pérennité du beau. Dans *les Convulsionnaires de Tanger*, un des plus beaux et des plus violents ouvrages de son âge mûr, on sent qu'avec un grain de plus de véhémence, Delacroix eût fini par perdre tout pouvoir de figurer la forme humaine.

Malgré toutes ses défaillances, Eugène Delacroix reste le peintre moderne le plus ému des émotions, le Maître unique de la Douleur. N'est-on pas toujours remué, entraîné, enlevé par tout ce qui l'agite, l'entraîne, l'enlève ? On chérit la plupart de ses personnages, non seulement pour leurs corps, mais encore et surtout pour leurs passions si visibles, si saisissantes. Les plus grands poètes, les plus hautement imaginatifs sont précisément, entre tous les autres, les plus poignants de réalité. Voyez Dante, aussi vivant dans sa bûche qui pleure au feu, que dans son Ugolin, pleurant la mort de ses enfants. Eugène Delacroix sentait trop les tourments de la vie pour ne pas en tourmenter les formes. Il exécrait cette tiédeur qui est l'impuissance même : « Brûlant, je te reçois ; tiède, je te vomis. » Toutes les affections, toutes les tristesses, toutes les affres de l'humanité sont dans son œuvre, tour à tour contenu, expansif, explosif.

Oui, tout ce qui vit, même ce qui n'est plus, vivait dans l'âme de cet homme, si frêle et si vivace, qui prodiguait à tout la vie et disait avec le poète : « La poussière même que nous foulons aux pieds fut autrefois vivante et malheureuse. »

Par là, Eugène Delacroix est le parent, le frère puîné des plus grands peintres et des plus grands poètes : Dante l'eût remercié pour son premier tableau ; Shakespeare pour ses Hamlets, ses

Ophélies et ses Desdémones; Byron pour son *Naufrage de Don Juan*. Rembrandt eût admiré la *Mort de l'évêque de Liège ;* Véronèse, *les Croisés à Constantinople;* Rubens, *l'Attila* et *la Justice de Trajan*.

L'œuvre d'Eugène Delacroix est comme les torrents : le cours peut en être troublé; la source en reste pure. Quelque inégalité que l'on puisse voir dans la *Mort de Sardanapale*, on ne peut contester une seule des merveilleuses qualités dont il surabonde. Delacroix est toujours Delacroix : le même arbre fait toujours les mêmes fruits.

Enfin, si l'on compare Eugène Delacroix aux plus grands artistes de son temps, chacun en son genre, il ressemble à la fois à Rachel et à Frédérick pour le caractère dramatique, à Frédérick surtout par ses gestes enlevants et prolongés. Par l'intensité vibrante de sa couleur, il rappelle le chant lyrique et triomphant de Duprez.

Que va devenir ce fameux tableau, *la Mort de Sardanapale ?* Par ses outrances va-t-il effarer les timides et irriter encore les puristes ? Par la vastité de ses dimensions, va-t-il effrayer les maniaques de l'art *meublant*, les fanatiques du *tableautin*, qui peuvent avoir de grandes galeries, ou de grandes salles, dans de grands châteaux? A la vérité, cette toile extraordinaire, doublement historique, et par son caractère et par son tempétueux renom, reste, depuis la querelle romantique, un monument inoubliable de l'Art français. La *Mort de Sardanapale* convient surtout à un musée national ; mais quel éclat dans une galerie particulière ! Ce tableau va-t-il quitter la France ? Ce transport ou plutôt cette transportation serait un scandale. Mais « tout arrive », dit Talleyrand, qui berça Delacroix enfant sur ses genoux. Les Anglais, eux, ne souffrent guère que le moindre tableau de leurs maîtres nationaux, surtout modernes, passe la mer. Nous, Français, aurons-nous le patriotisme au rebours de laisser passer la frontière à *la Mort de Sardanapale ?* La place naturelle de ce tableau est au Musée du Luxembourg, entre *le Massacre de Scio* et *la Barricade*, deux toiles des plus frappantes de ce siècle, et dont l'auteur est une gloire de la France.

Théophile Sylvestre.

Nota. — Ce tableau, provenant de la collection D. Wilson, a été adjugé le 21 mars 1873, en vente publique, 94 000 francs.

DELACROIX (Eugène)

77 — La Sibylle au rameau d'or.

Elle montre, au sein de la forêt ténébreuse, le rameau d'or, conquête des grands cœurs et des favoris des dieux. Ce tableau a figuré au Salon de 1845, ainsi qu'à l'Exposition universelle de 1855.

Signé : Eug. Delacroix.

N° 60 de la vente d'Eug. Delacroix en 1864.

T. — H.. 1^m,30. L.. 0^m,90.

78 — L'Enfant Jésus devant les genoux de la Vierge.

D'après Raphaël.

Fragment du tableau de *la Belle Jardinière*, au Louvre.

N° 152 de la vente d'Eug. Delacroix en 1864. Ensuite, vente Chiris.

T. — H.. 0^m,60. L , 0^m,50.

79 — Tête de Vieille Femme.

Cette peinture a figuré à l'Exposition universelle de 1855.

Provient de la vente d'Eugène Delacroix en 1864. N° 73 du Catalogue.

T. — H.. 0^m,40. L.. 0^m,32.

80 — La Nymphe Égérie et Numa Pompilius.

Pendentif pour la Chambre des députés.

Peinture à l'huile.

T. — H.. 0^m,24. L., 0^m,30.

DELACROIX (Eugène)

8cc **81 — Bacchus et Ariane.**

> T.   H., 0ᵐ,60. L., 0ᵐ,49.

7cc **82 — Diane et ses nymphes surprises par Actéon.**

> T. —   H., 0ᵐ,60. L., 0ᵐ,49.

83 — Nymphe couchée.

> Esquisse.
>
> T. — H., 0ᵐ,35. L., 0ᵐ,46.

84 — Femme nue couchée.

> Nᵒ 72 de la vente d'Eug. Delacroix en 1864.
>
> T.   H., 0ᵐ,24. L., 0ᵐ,32.

85 — Démosthène au bord de la mer.

> Pendentif. — H., 0ᵐ,22. L., 0ᵐ,28.

86 — Saint Jérôme.

> Esquisse; pendentif du Luxembourg.
>
> T. — H., 0ᵐ,16. L., 0ᵐ,19.

87 — Cicéron.

> Esquisse; pendentif du Luxembourg.
>
> T. — H., 0ᵐ,16. L., 0ᵐ,19.

DELACROIX (Eugène)

88 — Cheval dans un pâturage.

N° 83 de la vente d'Eug. Delacroix en 1864.

T.   H., 0m.15. L., 0m.22.

DELACROIX (Eugène) et GÉRICAULT

89 — Notre-Dame des Douleurs.

Esquisse d'un tableau exécuté par Delacroix, dans sa jeunesse, pour la chapelle des Dames du Sacré-Cœur, à Nantes.
N° 133 de la vente d'Eug. Delacroix en 1864.

T.   H., 0m.32. L., 0m.26.

DIAZ (N.)

90 — Paysage d'Orient.

Auprès d'une rivière s'élèvent plusieurs habitations turques; plus loin, un bouquet d'arbres, des monticules, et, dans le fond, des montagnes.
Signé à gauche et daté.
Collection John Saulnier.

T.   H., 0m.32. L., 0m.24.

91 — Sous bois. Paysage.

Provient de la vente Diaz.

B. — H., 0m.32. L., 0m.35.

DOMINGO

92 — A votre santé.

Dans une posada, un **Espagnol**, vêtements rouges, costume Louis XIII, à cheval sur un banc, dans un état de joyeuse ébriété, tenant encore son verre de la main gauche, s'écrie : « A votre santé. »

Dans le fond, près d'une fenêtre entr'ouverte, **deux autres** figures d'hommes, dont l'un pince de la mandoline. **Nombreux** accessoires.

Tableau remarquable par son esprit, sa gaieté et le mérite de l'exécution.

Signé à droite : Domingo. Paris, 1881.

B. — H., 0^m,63. L., 0^m,46.

DUPRÉ (Jules)

93 — Marine. Effet de soleil couchant.

Gros nuages entre lesquels passent, çà et là, des rayons de soleil qui se reflètent dans la mer.

Vigueur de pinceau, tableau d'un grand effet et d'une puissante facture, œuvre importante du maître.

Signé à gauche en toutes lettres.

T. — H., 0^m,76. L., 0^m,96.

GÉRICAULT

94 — La Surprise.

Un renard s'introduit dans un poulailler.

B. — H., 0^m,33. L., 0^m,43.

GÉROME

95 — La Chute de l'Empire romain.

Vaste composition, où l'on voit au premier plan la Sainte Famille personnifiant le *Christianisme*, dont l'avènement va changer la face du monde.

Signé à gauche : J.-L. Gérôme, avec dédicace.

T. — H., 0m,36. L., 0m,54.

HANOTEAU (Hector)

96 — L'Eau dormante.

Salon de 1880.

Signé à droite et daté 1879.

T. — H., 1m,50. L., 2m,00.

HAQUETTE (Georges)

97 — La Part du bateau. Une scène au Pollet, près Dieppe (Seine-Inférieure).

Signé à gauche et daté 1878.

Salon de 1878.

T. — H., 2m,10. L., 3m,30.

HENNER

98 — Églogue.

Assise sur un tertre, une jeune femme nue, à l'abondante chevelure blonde, est vue de profil, jouant de la flûte. Près d'elle, sa compagne, appuyée sur un mausolée, l'écoute, le regard perdu dans une douce rêverie.

Effet du soir.

Salon de 1879.

Collection Duncan.

H., 1ᵐ,68. L., 3ᵐ,13.

INGRES (J.-D.-A.)

Quand la mort vient mettre sur un grand maître sa consécration suprême, on se dispute avec une avidité pieuse les moindres ébauches de son pinceau, les traits les plus légers de son crayon, tombés d'une main immobilisée à jamais. L'œuvre est close, la postérité commence. Pour M. Ingres, quoiqu'il ait travaillé jusqu'au dernier jour, il semble entré depuis longtemps dans la sphère sereine et lumineuse où trônent les dieux de l'art. Sa vie prolongée au delà des bornes ordinaires lui a permis d'assister vivant à sa gloire, on pourrait même dire sans exagération à son apothéose. Mais cette renommée sans rivale ne l'enivrait pas. Dans son ardent amour de la perfection, il ne croyait jamais avoir assez fait, il étudiait sans cesse, était sévère pour lui-même et prenait un soin extrême de ne rien laisser arriver au public qui ne fût digne de lui. Sans que rien l'avertit d'une fin qu'on pouvait croire lointaine encore, tant il portait robustement sa verte vieillesse, il avait classé, daté et signé de son nom tout entier, parmi les études dessinées ou peintes, préparations et tâtonnements souvent sublimes de ses œuvres immortelles, celles qui par leur jet, leur puissance et leur beauté lui paraissaient mériter de survivre. Quatre-vingt-dix morceaux de choix ont été ainsi désignés par lui et comme marqués de son sceau pour une vente qu'il ne croyait pas devoir être posthume. Il lui eût déplu que ces griffonnages vagues ou insignifiants dans lesquels l'artiste cherche à débrouiller sa pensée obscure sortissent de l'ombre de l'atelier où ils doivent rester, car il poussait jusqu'au scrupule le respect de sa gloire ; mais d'un autre côté il désirait faire voir avec quel soin, quelle conscience et quel amour il avait poursuivi le beau, et comme chez lui chaque grande œuvre avait été précédée d'une patiente et féconde incubation.

Dans cette vente on peut dire que les œuvres les plus célèbres du maître se trouvent tout entières : le *Vœu de Louis XIII*, l'*Apothéose d'Homère*, le *Saint Symphorien*, y figurent par fragments qui, s'ils étaient réunis, formeraient des tableaux non moins admirables que les compositions définitives. En voyant ces têtes, ces bras, ces mains, ces pieds, ces torses, ces bouts de draperies épars sur des toiles, nous ne pouvons nous empêcher de penser à une impression reçue par nous à Athènes, dans cette Pinacothèque qui s'élève à la gauche des Propylées et où se conservaient autrefois les chefs-d'œuvre d'Euphranor, d'Apelles, de Parrhasius et de Zeuxis. On y avait réuni les morceaux de statues brisées trouvés dans les fouilles, débris merveilleux de l'art grec, un bras, un pied, une tête sans son corps, un fragment de corps décapité, moins que cela, un sein se dégageant de quelques plis, une hanche, une portion de dos, et, rêveur, nous cherchions à deviner quel dieu ou quelle déesse aurait pu réclamer ces membres dispersés, ces formes superbes séparées de leur ensemble. Mais, si la sensation de beauté n'est pas moindre devant les magnifiques morceaux de M. Ingres, elle n'est pas troublée par le regret d'ignorer à quelles divines statues appartiennent ces splendides fragments. Sur le plus léger bout d'étude on restitue aisément le chef-d'œuvre connu et présent à toutes les mémoires. Ces jambes d'ange, quoique dans le tableau elles soient à demi recouvertes par une draperie volante, rappellent tout de suite le *Vœu de Louis XIII*; on y replace sans peine ces petits anges d'un dessin si pur, d'une couleur si splendide. Ces pieds appuyés sur un escabeau, c'est tout l'Homère de l'*Apothéose*, et ces deux autres pieds si beaux, si nobles, si héroïques, qui sortent blancs d'un pli de draperie pourpre, font apparaître complète à la pensée la sublime figure de l'*Iliade*, cette fille divine de l'illustre aveugle. Ce dos de licteur tout montueux de muscles, cette tête pâle illuminée de foi, ce bras de femme jaillissant hors des créneaux, vous donnent tout l'effet du *Saint Symphorien*.

On reste stupéfait devant ces études qui sont des chefs-d'œuvre empreints de la perfection suprême. On est étonné de cette netteté, de cette puissance, de cette certitude et de cette aisance souveraines. En face de la nature, le maître n'hésite jamais. Chaque trait marque, tout coup porte, et, s'il reprend vingt fois la même figure, dans son incessante inspiration à l'idéal, variant le geste, l'effet, l'attitude, le caractère, chaque étude en soi est parfaite et l'on se demande quel défaut pouvait y trouver le maître pour chercher encore.

Les études dessinées ne sont pas moins admirables que les études peintes. L'artiste armé du crayon écrit sa pensée avec une décision et un style qu'on pourra peut-être atteindre, mais non certes dépasser. On croit voir tantôt des dessins de Michel-Ange, tantôt des dessins de Raphaël, car Ingres avait la force et la grâce. S'il indique avec une rare énergie les muscles de l'homme, nul ne caresse plus chastement les suaves contours de la femme. Il est le dernier moderne qui ait eu le pur sentiment de la beauté; il sait faire une vierge, une déesse et une grande dame.

Ces morceaux qui se groupent par familles autour d'une page immortelle, le peintre ne s'en est jamais séparé; ils ont été les compagnons de sa longue vie, ils l'ont suivi à Rome, à Florence, ils ont habité avec lui à Paris. En les regardant, Ingres voyait lui apparaître toute sa noble vie de travail, d'inspiration et de volonté; il ne se sentait pas abandonné par les figures aimées, réalisation de son idéal. Dans son atelier vivaient toujours la Vierge fière du *Vœu de Louis XIII*, l'Homère de l'*Apothéose* ayant à ses pieds l'*Iliade* et l'*Odyssée*, sa fille guerrière et sa fille voyageuse, et toute cette noble foule qui lui rend hommage, Eschyle, Sophocle, Euripide, Phidias, Apelles, Alexandre, Pindare, Périclès, Virgile, Dante, Raphaël, Michel-Ange, Racine, Poussin, La Fontaine, les illustres des grands siècles. Il les a gardés avec un soin jaloux jusqu'à sa dernière heure. En les livrant au public il fait en quelque sorte la confession et le testament de son génie; il dévoile sa pensée intime, il montre le secret de son talent, et fait voir par quels degrés il s'est élevé aux sommets de l'art. Le maître qui a formé tant de glorieux élèves et dirigé d'une main si ferme l'École de France à Rome, donne là son plus bel et son plus profitable enseignement.

Théophile Gautier.

99 — Achille, retiré dans sa tente, reçoit les envoyés d'Agamemnon.

« Arrivés près des tentes de Phthiotes, ils trouvèrent Achille qui charmait sa douleur par les mâles accents de sa lyre. Le seul Patrocle était assis en face du guerrier; il attendait dans un profond silence que le petit-fils d'Œacus eût terminé son chant; mais les députés, conduits par le sage Ulysse, paraissent devant Achille. Surpris, il se lève, dépose sa lyre et s'avance au-devant d'eux. »

(*Iliade*, chant IX ; trad. de Bitaubé.)

Le tableau est à l'École des Beaux-Arts.
Esquisse du premier grand prix de Rome, remporté en 1801.
Signé en bas à gauche et daté.

B.   H., 0^m,25. L., 0^m,32.

INGRES (J.-D.-A.)

100 — Une toile sur laquelle se voient différentes études pour le *Martyre de
saint Symphorien*; le licteur de droite,
l'enfant qui ramasse une pierre, le
proconsul et plusieurs études de
figures, de bras et de mains.

> Signé en bas : Ingres.
> Une des trois plus importantes études pour le tableau :
> *Martyre de Saint Symphorien*. Les deux autres appar-
> tiennent à M. Lecomte et à M. le vicomte Delaborde, de
> l'Institut.
> N° 8 de la vente provenant de l'atelier de M. Ingres.
>
> Toile mise sur panneau. — H., 0m,62. L... 0m,50.

101 — Étude nue pour la figure du licteur qui
se voit à droite dans le tableau du
Martyre de saint Symphorien.

> Signé en bas à gauche : Ingres.
> N° 9 de la vente provenant de l'atelier de M. Ingres.
>
> T. — H., 0m,50. L... 0m,27.

102 — Études pour les Anges qui environnent
la Vierge dans le tableau du *Vœu de
Louis XIII*.

> Splendide étude peinte.
> Signé en bas : Ingres.
> N° 3 de la vente provenant de l'atelier de M. Ingres.
>
> T. — H., 0m,60. L... 0m,74.

INGRES (J.-D.-A.)

103 — Tête d'Homère. Étude pour l'*Apothéose d'Homère*.

H., 0^m,39. L., 0^m,27.

104 — Étude d'Homme vu de profil, peinte à Rome en 1810.

Signé en bas à gauche : Ingres.

Cette étude, qui a servi pour Œdipe, est le portrait d'un jardinier barbu, aux apparences énergiques.

N° 35 de la vente provenant de l'atelier de M. Ingres.

T. — H., 0^m,35. L., 0^m,26.

105 — Michel-Ange, avec mains. *Apothéose d'Homère*.

Signé en bas : Ingres.

N° 30 de la vente provenant de l'atelier de M. Ingres.

Toile mise sur panneau.   H., 0^m,25. L., 0^m,23.

106 — Dante offrant ses œuvres à Homère. *Apothéose d'Homère*.

Signé en bas à droite : Ingres.

N° 25 de la vente provenant de l'atelier de M. Ingres.

Toile mise sur panneau. — H., 0^m,37. L., 0^m,34.

INGRES (J.-D.-A.)

107 — Pindare offrant sa lyre à Homère. *Apothéose d'Homère.*

Signé en bas à droite : Ingres.
N° 26 de la vente provenant de l'atelier de M. Ingres.

Toile mise sur panneau. — H., 0m,35. L., 0m,29.

108 — Phidias. *Apothéose d'Homère.*

Signé en bas à gauche : Ingres.
N° 28 de la vente provenant de l'atelier de M. Ingres.

Toile mise sur panneau. H., 0m,32. L., 0m,35.

109 — Étude de mains pour la figure de Virgile et autres études de mains. Cinq études. *Apothéose d'Homère.*

Signé en bas à droite : Ingres.
N° 20 de la vente provenant de l'atelier de M. Ingres.

Toile mise sur panneau. — H., 0m,33. L., 0m,31.

110 — Figure en buste. Étude pour l'Iliade. *Apothéose d'Homère.*

Signé à gauche : Ingres.
N° 16 de la vente provenant de l'atelier de M. Ingres.

Toile mise sur panneau. — H., 0m,24. L., 0m,19.

INGRES (J.-D.-A.)

111 — Étude pour les mains de Boileau et autres études de mains. *Apothéose d'Homère.*

Signé : Ingres.
N° 21 de la vente provenant de l'atelier de M. Ingres.

Toile mise sur panneau. — H., 0^m,33. L., 0^m,37.

112 — Femme romaine. Étude d'après nature pour la figure de l'Iliade. *Apothéose d'Homère.*

Signé en haut à droite : Ingres.
N° 14 de la vente provenant de l'atelier de M. Ingres.

T. — H., 0^m,35. L., 0^m,22.

113 — Étude pour un Ulysse.

Signé en bas à droite : Ingres.
N° 32 de la vente provenant de l'atelier de M. Ingres.

Toile mise sur panneau. — H., 0^m,24. L., 0^m,19.

114 — Tête de Femme de profil avec une draperie rouge.

Signé en bas à gauche : Ingres.
N° 33 de la vente provenant de l'atelier de M. Ingres.

Toile mise sur panneau. — H., 0^m,22. L., 0^m,16.

INGRES (J.-D.-A.)

115 — Étude de pieds pour Homère. *Apothéose d'Homère.*

Signé en bas : Ingres.
N° 12 de la vente provenant de l'atelier de M. Ingres.

T. — H., 0^m.21. L., 0.17.

116 — Études de bras et de mains pour la Gloire. *Apothéose d'Homère.*

Signé en bas : Ingres.
N° 17 de la vente provenant de l'atelier de M. Ingres.

Toile mise sur panneau. — H., 0.34. L., 0^m.25.

117 — Jeune Femme tenant son enfant dans ses bras. *Martyre de saint Symphorien.*

Signé en bas à droite : Ingres.
N° 6 de la vente provenant de l'atelier de M. Ingres.

Toile mise sur panneau. — H., 0^m.22. L., 0.19.

118 — Prêtres avec accessoires. *Apothéose d'Homère.*

Signé à droite : Ingres.
N° 29 de la vente provenant de l'atelier de M. Ingres.

Toile mise sur panneau. H., 0^m.38. L., 0^m.28.

INGRES (J.-D.-A.)

119 — Deux études pour le pied gauche de Jésus-Christ dans le tableau de *J.-C. remettant les clefs à saint Pierre*.

Signé en bas à l'encre : Ingres.
N° 10 de la vente provenant de l'atelier de M. Ingres.

Toile mise sur panneau. — H., 0^m,20. L., 0^m,25.

120 — Portrait de Pierre-François Bernier, astronome, peint par Ingres son ami. — 1800.

Un des premiers portraits de M. Ingres.

T. — H., 0^m,46. L., 0^m,38.

JACQUE (Charles)

121 — La Rentrée avant l'Orage.

Paysage avec figures et animaux.
Tableau capital dans l'œuvre du maître. A appartenu à M. Thiers.
Signé à gauche.

T. — H., 0^m,69. L., 1^m,00.

JONGKIND

122 — Côtes de Bretagne.

Signé à droite et daté 67.

T. — H., 1^m,00. L., 1^m,36.

LEFEBVRE (Jules)

123 — La Vérité.

Première pensée.
Signé avec dédicace et daté.

B.   H. 0.30. L. 0.55.

124 — La Cigale.

Première pensée.
Signé et daté.

B.   H. 0.30. L. 0.45.

LEHMANN (Henri)

125 — Vénus désarmant l'Amour.

B.   H. 0.25. L. 0.20.

PALIZZI

126 — La Vallée d'Auge.

Esquisse faite d'après nature pour le grand tableau de la
Vallée d'Auge.

L.   H. 0.30. L. 0.55.

PENGUILLY-L'HARIDON

127 — L'Enfant prodigue.

Signé à gauche et daté.

B.   H. 0.30. L. 0.75.

PUVIS DE CHAVANNES

128 — Étude pour la grande décoration allégorique représentant la Paix.

Collection Paul de Saint-Victor.

B. — H., 0m,38. L., 0m,30.

REGNAULT (HENRI)

129 — La Sortie du Pacha à Tanger. — 1870.

(Son dernier tableau).

N° 19 du Catalogue de la vente de Henri Regnault.

T. — H., 0m,47. L., 0m,73.

Théophile Gautier disait, de cette peinture exceptionnelle : C'est de la grande peinture, une merveille, une symphonie en blanc majeur.....

Mais, entre ces tableaux d'Afrique, le moins connu et le plus significatif, le moins choyé et le plus heureux, le moins réputé et le plus digne de l'être, celui qui l'emporte sur tous par l'intérêt qu'il offre pour le critique et le biographe, celui qui, malgré ses dimensions restreintes (hauteur, 0m,47 ; largeur 0m,73), inaugure un nouvel idéal et marque un retour vers la nature, c'est *la Sortie du Pacha, à Tanger*. Il semble que Regnault soit rentré en possession de lui-même, qu'il ait recouvré sa primitive indépendance ; il s'abandonne à sa verve, il s'échauffe au contact du luxe, de l'agitation de ce monde de l'Orient qui ne s'éveille qu'au jour d'une coutume religieuse ou d'une fête éclatante. Le faste, le mouvement, tout ce qu'il aime et recherche est là sous ses yeux, sous sa main ; comment ne tirerait-il pas profit d'une telle bonne fortune ?

De hautes maisons, semblables à d'énormes dés taillés dans des bancs de craie, dominent et entourent le spectacle, envahissant la toile au point de ne laisser au peintre, pour composer sa scène et faire mouvoir ses personnages, que l'étroit espace d'une petite place et d'un angle de rue ; mais, loin d'écraser les figures, l'architecture, avec ses proportions lourdes, rend, par la qualité neutre du ton, par la rudesse de la facture, plus évidents encore le fourmillement de la vie, l'animation de ces êtres minuscules si délicatement traités. Au pied des bâtiments, diversement frappés par le soleil ou l'ombre, sous la claire lumière du Midi un peu affaiblie par les nuages d'un ciel gris, la foule se presse et ondoie. Au premier plan, des cavaliers marocains — coupés par la bordure — rangent leurs montures ; d'autres portent des étendards ou refoulent la masse avide, curieuse, qui se rue au passage du cortège. Les *saïs* tiennent les chevaux des *mouchirs* prêts à se mettre en selle et, du fond de la cour, vêtu de blanc, sur un cheval blanc harnaché de rose, le pacha s'avance lentement, suivi d'un *cheïck* en burnous bleu, entre deux lignes de gardes. — Au delà des murailles s'aperçoit, dans le lointain, sur un aride escarpement, la *Casbah*, drapeau rouge déployé et flottant au vent.

L'œuvre est d'une pénétration exquise. Quoi de plus finement analysé, de plus finement transcrit que la gravité du pacha, la surexcitation du peuple, que l'empressement des soldats penchés pour guetter leur souverain et l'impatience des chevaux arabes qui dressent l'oreille et qu'on entend hennir ? Le peintre n'est pas moins à louer que l'observateur dans ce tableau inachevé qui, à côté de parties où la toile est à peine couverte, l'intention à peine lisible, en réunit d'autres où l'écriture est précise et sur lesquelles l'artiste n'avait plus à revenir. Partout, alors même que l'exécution paraît poussée jusqu'aux limites du possible, alors même que Regnault peint ces *saïs*, ces chevaux hauts de 2 à 3 centimètres et si parfaits qu'ils demandent à être examinés à la loupe, sa touche alerte, spirituelle, qui ébauche et finit d'un coup, ne garde aucune trace de l'effort, de la difficulté d'envelopper dans l'atmosphère des figures presque microscopiques, de leur donner un caractère, une individualité, tout en conservant cette ampleur qui atteste que la même main a brossé *la Sortie du Pacha* et le *Portrait de Prim*.

(Extrait du livre Henri Regnault, par Roger MARX.)

ROBERT-FLEURY

130 — Michel-Ange.

Il descend l'escalier de son echafaudage en jetant un dernier regard sur la fresque de la chapelle Sixtine représentant le *Jugement dernier*.
Signé à gauche et daté 1876.

T. — H., 1^m,05. L., 0^m,68.

131 — Léonard de Vinci.

Léonard est assis, regardant le spectateur (Château de Fontainebleau). Derrière lui, le portrait de la Joconde.
Signé à gauche et daté 1876.

T. — H., 1^m,05. L., 0^m,68.

132 — Le Titien.

Il est assis réfléchissant, venant de travailler au tableau représentant l'*Ensevelissement du Christ*.
Signé à gauche et daté 1876.

T. — H., 1^m,05. L., 0^m,68.

133 — Portrait de Rembrandt dans son atelier.

Il regarde une eau-forte qu'il tient dans ses mains.
Dans le fond, divers tableaux, parmi lesquels *l'Ange et Tobie*.
Signé à gauche et daté 1876.

T. — H., 1^m,05. L., 0^m,68.

ROBERT (Hubert)

134 — La Tentation de saint Antoine.

Dans un temple antique, dont on aperçoit la colonnade grandiose et délabrée fuyant vers le fond, le saint est agenouillé devant une grosse pierre sur laquelle se trouvent un livre de prières ouvert, une tête de mort, un crucifix et plusieurs autres livres.

Par une porte, à droite, entrent trois jeunes filles qui se dirigent vers un petit autel pour prendre des fleurs dans un vase.

Derrière le saint est un mur qui ferme la colonnade. Sur une échelle, de l'autre côté de ce mur, paraît une quatrième jeune personne qui taquine le saint avec les tiges de roseaux.

Une pierre de ce mur porte la signature :

H. Roberti fecit.....

. . . . . 1760.

T. — H., 0m,585. L., 0m,715.

135 — Vue d'un Temple. Ruines et personnages.

Signé à droite et daté 1805.

T. — H., 1m,13. L., 1m,41.

ROLLER

136 — Son portrait par lui-même.

Ce tableau était placé en pendant au *Doreur*, dans la galerie du duc de Morny.

Provient de la vente de la collection du duc de Morny.

Signé à gauche : Roller.

Toile marouflée sur bois. — H., 0m,67. L., 0m,54.

ROUSSEAU (Th.)

137 — Le Mont-Blanc, les Alpes et le lac de Genève. Vue prise de la Faucille.

Composition des plus vastes et des plus grandioses de Théodore Rousseau.

Signé à gauche.

T. — H., 1m,44. L., 2m,42.

SOUMY

138 — Portrait de Carpeaux.

Peint à Rome.

T. — H., 0m,25. L., 0m,20.

WINTZ (G.)

139 — Les Trembleurs; bœufs dans la neige au clair de lune.

Salon de 1874.

Signé à gauche.

H., 1m,23. L., 1m,98.

140 — Sous ce numéro une série de tambourins par Boldini, Gustave Popelin, Worms, Bastien-Lepage, Clairin, Gervex, G. Bertrand, etc., etc.

141 — Sous ce numéro seront vendus les tableaux modernes non catalogués.

DESSINS

ET

AQUARELLES

DÉSIGNATION

BACKUYSEN (Ludolf)

142 — Vue prise aux environs de Harlem.

Vaisseau sous voiles.
Dessin à l'encre de Chine.
Signé sur le pavillon et daté, dans le coin à droite, 1637.
Papier marqué P. R., dans le filigrane.

Collection Van Maarseveen, 1793.
Collection de Bosch, 1817.
Collection Schneider, 1876.

H., 0m,17. L., 0m,28 1/2.

BOTH (Jean, *dit* Both d'Italie)

143 — Paysage avec figures. Effet de soleil couchant.

Sépia.
Signé, à droite : Jan Both, 19.
Papier marqué à *la folie* dans le filigrane.
Collection Van Cranenburg.
Collection Schneider.

H., 0m,19. L., 0m,31.

CHAPLIN (Charles)

144 — Les Beaux-Arts.

Projet de plafond pour les Tuileries.

Signé en bas et daté 1861.
Dessin à la sanguine.

DELACROIX (Eugène)

145 — La Muse inspirant Hésiode.

Pendentif pour la Chambre des députés.
Aquarelle rehaussée de gouache.

H., 0m,22. L., 0m,28.

146 — Edgar et Lucie de Lammermoor.

Aquarelle.
Signée à gauche.

147 — Combat de cavaliers maures.

Dessin à l'encre.

DUMONSTIER (Daniel)

148 — Portrait de Gabrielle Légitimée de France, duchesse de La Valette (1622).

Dessin aux trois crayons.

DUMONSTIER (Daniel)

149 Portrait de Henriette Stuart, reine d'Angleterre et d'Écosse (1629).

Dessin aux trois crayons.

INGRES (J.-D.-A.)

150 — La Danse d'après Téniers.

Dessin à la plume et à l'encre.
Signé : Ingres fils, et daté 1793.

C'est sur la présentation de ce petit dessin, offert à l'évêque de Montauban, que fut décidée la vocation et par suite l'éducation du jeune Ingres pour la peinture. Jusque-là, son père l'avait destiné à être musicien, ayant eu dès son enfance des succès comme violoniste.

151 Portrait de M. Couder, père de l'artiste de l'Opéra-Comique.

Signé : Ingres fils.

Cette petite mine de plomb est exceptionnelle comme finesse et comme modelé.
Forme ronde.

152 — Portrait de Mme Couder.

Pendant du précédent.

INGRES (J.-D.-A.)

153 — Vierge et Enfant Jésus.

Première pensée.
Dessin et aquarelle.
Signé en bas, à gauche, avec dédicace.

H., 0m,17. L., 0m,07.

154 — Portrait de Mme Leblanc.

Avec dédicace.
Dessin au crayon mine de plomb.

155 — Jeanne d'Arc.

Dessin à la plume et lavis.
Première pensée du tableau.
Signé en bas à gauche : Ingres.
N° 67 de la vente provenant de l'atelier de M. Ingres.

H., 0m,16. L., 0m,35.

156 — Étude d'après lui-même pour le *Phidias*.

Dessin à la mine de plomb.
Signé en bas à gauche.

157 — Étude d'Homme nu, le bras droit levé, pour l'*Age d'or*.

Dessin à la mine de plomb.
Signé à gauche : Ingres.
N° 16 de la vente provenant de l'atelier de M. Ingres.

INGRES (J.-D.-A.)

158 - **Deux études, l'une nue, l'autre drapée, pour la figure de Pindare.** *Apothéose d'Homère.*

> Dessins à la mine de plomb.
> Signés en bas à droite : Ingres.
> Nᵒ 63 de la vente provenant de l'atelier de M. Ingres.

159 — **Trois études de draperie pour la figure de Virgile.** *Apothéose d'Homère.*

> Dessins à la pierre d'Italie.
> Signés en bas : Ing.
> Nᵒ 59 de la vente provenant de l'atelier de M. Ingres.

160 - **Deux dessins pour la figure de Virgile, et Étude de main pour la même figure. Étude pour la tête et les mains d'Aristarque.** *Apothéose d'Homère.*

> Dessins à la mine de plomb.
> Signés : Ingres.
> Nᵒ 58 de la vente provenant de l'atelier de M. Ingres.

161 - **Étude nue pour la figure d'Alexandre, étude pour la draperie de la même figure.** *Apothéose d'Homère.*

> Dessin à la mine de plomb.
> Signé : Ingres.
> Nᵒ 62 de la vente provenant de l'atelier de M. Ingres.

INGRES (J.-D.-A.)

162 — Étude des pieds de *la Source* et urne que tient la jeune fille.

Dessins mine de plomb.
N° 49 de la vente provenant de l'atelier de M. Ingres.

163 — Deux études pour la *Madeleine*, verrière de Dreux.

Dessins mine de plomb.
Signés : I.

LAGNEAU

164 — Portrait présumé de Dandelot, frère puîné de l'amiral Coligny.

Dessin aux trois crayons.

LAMI (Eugène)

165 — La Rentrée au château.

Aquarelle.
Signée en bas à droite : E. Lami et datée 1872.

166 — Elle aime à rire, elle aime à boire !

Aquarelle gouachée exécutée sur papier fac-simile.
Signée à gauche : Eugène Lami, et datée 1881.

REGNAULT (Henri)

167 — Alhambra de Grenade ; cour des Lions (1869).

Aquarelle.

RUBENS (Pierre-Paul)

168 — Portrait d'Hélène Fourment, seconde femme de Rubens.

Ancienne collection Mariette.
Dessin aux trois couleurs.

TIEPOLO

169 — L'Apparition.

Très beau dessin à la sépia.

170 — Job et les Anges.

Dessin à la sépia.

171 — Sous ce numéro, nombreux Dessins à
l'encre, au crayon noir, à la sépia,
par Delacroix, Ingres, Decamps,
Flandrin, Th. Rousseau, Troyon,
François Millet, Henri Regnault,
Lehmann, etc., etc.

SCULPTURE

`\ \ \ \ \`

PAJOU

172 — Robespierre.

Buste d'après nature.
Terre cuite.
A figuré à l'Exposition universelle de 1878, dans la collection
des portraits historiques.